Monika Schunk

Einen Leitstern wünsch' ich mir

Monika Schunk

Einen Leitstern wünsch' ich mir

Acht neue Krippenspiele

Claudius

Mein herzlicher Dank gilt meiner Wegbegleiterin und Freundin Elisabeth, die in all den Jahren durch Gespräche und Gedankenaustausch am Entstehen der inhaltlichen und methodischen Konzeption des biblischen Kinder- und Jugendtheaters und durch tatkräftige Mithilfe bei Probenarbeit und Aufführungen am Entstehen vieler Stücke wesentlich beteiligt war.
Ihr ist dieses Buch gewidmet.

Bibliografische Information Der Deutschen Bibliothek

Die Deutsche Bibliothek verzeichnet diese Publikation in der Deutschen Nationalbibliografie;
detaillierte bibliografische Daten sind im Internet über
http://dnb.ddb.de abrufbar.

Birkerstr. 22, 80636 München
www.claudius.de

Umschlaggestaltung: Anne Halke, München
Satz: Stahringer Satz GmbH, Ebsdorfergrund
Druck: Buch- und Offsetdruckerei Sommer, Feuchtwangen

ISBN 3-532-62296-3

Inhalt

Vorwort

Liebe Leserin und lieber Leser,
biblisches Kinder- und Jugendtheater – was ist daran denn so außergewöhnlich, werden Sie sich vielleicht fragen. Sind das nicht einfach nur Krippenspiele wie viele andere auch?
Die Weihnachtsbotschaft als eine zentrale Aussage unseres Glaubens fordert immer wieder zu intensiver Beschäftigung heraus und lässt nach der Verbindung zwischen unserem Leben und dem suchen, was uns von vor über 2000 Jahren überliefert worden ist.
Spielendes, sprechendes und bewegtes Mitwirken bei der Verkündigung der biblischen Botschaft ist ein ganz zentraler Zugang zur biblischen Botschaft. Und dieses Mitwirken sollte Freude und Fröhlichkeit bedeuten.
Bei der Sichtung der Literatur zum Weihnachtsthema bin ich immer wieder auf verschiedene Hindernisse gestoßen, die Ihnen sicher auch nicht fremd sind: zu viele oder zu wenige Rollen, zu viel Text, inhaltliche Stolpersteine, großer Probenaufwand und und und! Der Spaß und die wirkliche Begegnung mit dem Inhalt sollten aber doch erhalten bleiben.
So begann ich selbst Stücke zu schreiben und im Lauf der Zeit die Methodik zu verfeinern, ohne den (zeitlichen) Aufwand für die einzelnen Mitwirkenden zu steigern. Daraus entstand die Konzeption des biblischen Kinder- und Jugendtheaters.
Es war beglückend zu erfahren, dass es wirklich ohne übergroßen zeitlichen Aufwand möglich ist, inhaltlich klare Stücke mit unterschiedlichen Darstellungsarten aufzuführen. Noch beglückender ist immer wieder das Erleben, dass diese Spiele allen Beteiligten – Kindern und Jugendlichen, aber auch der Spielleiterin – große Freude bereiten.
Mittlerweile ist eine Art Modularbaukasten aus verschiedenen Methoden, Darstellungsformen und inhaltlichen Aussagen herangewachsen. Die daraus entstandenen Stücke ermöglichen allen Altersstufen, sei es beim Mitspielen oder beim Zuschauen, einen fröhlichen und dennoch inhaltlich gefüllten Zugang zur biblischen Botschaft.
Doch keine Angst – was so kompliziert klingt, ist wirklich einfach zu handhaben.

Monika Schunk

1. Die Weihnachtsbotschaft im biblischen Kinder- und Jugendtheater

Es müsste doch möglich sein, ein fröhliches, echt wirkendes Weihnachtsspiel aufzuführen, das die Weihnachtsgeschichte erleben lässt und Bezüge zu unserer Zeit hat. Zugleich sollten die christlichen Grundaussagen deutlich erkennbar sein, es sollte aber auch eine positive Einstellung zum Umgang mit Weihnachten in unserer Zeit vermittelt werden.
„Und das Wort ist Fleisch geworden und nahm Wohnung in der Welt." Dieser Vers aus dem Johannesevangelium wird oft zitiert und wurde mehrfach vertont. Mich erinnert er an die Weihnachtsfeste meiner Kinder- und Jugendzeit, als ich ihn immer wieder gehört habe. „Wohnung in der Welt nehmen" – das klingt so fremd und heißt doch eigentlich ganz einfach, dass Gott an unserem Leben teilhaben will. Und zwar an unseren ganz verschiedenen Leben, so wie sie gerade im Moment sind. Deshalb knüpfen die Weihnachtsstücke des biblischen Kinder- und Jugendtheaters auch an ganz verschiedenen Lebenssituationen an.
Weihnachten hat sehr viel mit unserem Alltag zu tun und ist nichts, was sich auf ein paar Tage im Jahr reduzieren lässt. Ich mag unsere Art, Weihnachten zu feiern, und ich gehe gerne positiv damit um. Natürlich gibt es auch Konsum, beschwerliche Traditionen und überhöhte Erwartungen, die das Fest belasten können. Aber all das ändert nichts an der eigentlich positiven Bedeutung dieses Festes. Dass Weihnachten feiern etwas Schönes und Gutes ist, soll in den Weihnachtsspielen deutlich werden.
Ich finde es schön, an Weihnachten immer wieder zu erfahren, dass Gott sich für die Menschen entschieden hat. Nicht die Aufgabe der Menschen ist oder war es, den Zeitpunkt dafür zu finden oder Überlegungen anzustellen, wo Gott denn in unserer Welt seinen Platz haben könnte. Weihnachten ist ein Geschenk an alle. Deshalb sollten von Weihnachtsspielen alle etwas haben. Kinder, Jugendliche, Erwachsene, Menschen in besonderen Lebenssituationen – für sie alle findet sich etwas in den Weihnachtsspielen.
Weihnachten ist kein einmaliges Ereignis, sondern erinnert uns jedes Jahr wieder an Gottes Vorstellung vom Zusammenleben der Menschen. Das kann Kraft geben. Und es ist auch der Grund, warum es sinnvoll ist, immer wieder Weihnachten zu feiern und auch in jedem Jahr wieder andere inhaltliche Aspekte in der bekannten Geschichte zu entdecken. Auch dazu soll das biblische Kinder- und Jugendtheater etwas beitragen.
Durch diese jährliche Zusage kann Weihnachten eine Orientierungshilfe

sein. Bin ich auf einem „richtigen" Weg, so fragen wir uns oft. Christen verbinden mit diesem Weg Gerechtigkeit, Frieden und Zuwendung zum Leben. Viele kleine Schritte unterm Jahr, oft ohne große Überlegungen, in unserem Leben und im Leben unserer Familie und Freunde gehen in diese Richtung. Und doch hat man oft das Gefühl, dass diese Schritte letztlich nichts bewirken. Da tut es gut, sich an Weihnachten zu dem richtigen Weg sich ermutigen zu lassen. Die Weihnachtsspiele wollen Mut machen, sich selbst auf diesem Weg zu entdecken. Mitwirkende und Zuschauende sollen erleben können, was richtig ist, und in ihrem Handeln bestärkt werden.

Das Weihnachtsgeschehen kann als Prozess begriffen werden, beginnend mit alttestamentlichen Weissagungen bis zu Jesu Geburt. Aber Weihnachten ist damit nicht abgeschlossen. Weihnachten wird immer neu gelebt und unser Leben ist sozusagen ein Teil des Weihnachtsprozesses. Wenn wir Weihnachten feiern, bewegen wir uns ein Stückchen auf dem Weg zu einem friedlichen Zusammenleben. Dass in vielen der Weihnachtsstücke Bewegung vorkommt, ist kein Zufall. Diese Bewegung drückt unseren Weg aus und lässt ihn vor dem inneren und äußeren Auge ganz deutlich werden.

Manchmal erlebe ich in den Weihnachtstagen auch einen dieser ganz kleinen Momente, in denen deutlich zu spüren ist, dass „Wohnung nehmen in der Welt" mich ganz persönlich meint. Solche Momente vermitteln das Gefühl, wertvoll zu sein, und lassen sich dennoch nicht festhalten. Aber sie können immer wieder neu erlebt werden, vielleicht auch in den Weihnachtsspielen.

Weihnachtstraditionen – eine ganz bestimmte Art zu feiern, ein Essen, Rituale – können wichtig und hilfreich sein und gute Erinnerungen in uns wachrufen. Manchmal mögen sie zu leeren Hülsen verkommen sein, den Traditionen und Bräuchen haftet oft ein „verstaubter" Charakter an. Ich möchte Weihnachten von diesem „Staub" befreien und greife deshalb häufig Traditionen in den Stücken auf.

Ganz ähnlich ist das beim Umgang mit den Geschenken. Freude weitergeben, zeigen, dass man jemanden mag, dass man sieht, was der oder die andere braucht – auch das zeigt, dass Gottes Geist „Wohnung nimmt" unter uns. Auch meine Freude darüber, dass andere an mich denken, sich mir zuwenden, gehört dazu. Geschenke sind eigentlich nicht „das Wichtigste", wird in der Vorweihnachtszeit so oft gesagt. Aber es ist doch schön, sich an Geschenken und am Schenken freuen zu können.

Ein richtig begangenes oder gefeiertes Weihnachtsfest gibt es ebenso wenig wie die einzige Art, die Weihnachtsbotschaft zu verkündigen.

Wenn wir begreifen, dass unser Weihnachtsfest so, wie es heute, in diesem Jahr stattfindet, das eigentliche, echte Weihnachten ist, dann können wir vielleicht erahnen, welche Fülle da vor uns ausgebreitet wird: Gnade und Zuwendung für alle, die persönliche Begegnung Gottes mit jedem Einzelnen von uns. Diese Botschaft ist so unbeschreiblich groß, dass wir uns getrost jedes Jahr aufs Neue davon überraschen lassen können! Bei den Stücken dieses Buches steht die grundsätzliche Bejahung unserer Weihnachtsfeste im Vordergrund, ohne erhobenen Zeigefinger, ohne Hinweise darauf, wie Weihnachten „eigentlich" gemeint war. Die Stücke sollen beitragen zu persönlichen Begegnungen mit Gottes Geschenk an die Menschheit und mit erlebter Weihnachtsfreude daran.
„Gott nimmt Wohnung unter uns" – auch heute noch. Davon möchte ich in meinen Weihnachtsstücken erzählen. Mitwirkende und Zuschauende des biblischen Kinder- und Jugendtheaters sollen teilhaben an diesem Geheimnis.

2. Wie es anfing ...

Nach den inhaltlichen Vorüberlegungen stellte sich natürlich schnell die Frage nach der Machbarkeit eines solchen Spielstückes. Es sollte ein wirkliches Spiel sein, es musste personell machbar sein und der zeitliche Aufwand sollte sich im überschaubaren Rahmen halten.
Und es sollten alle etwas davon haben, gerade ...

... im Familiengottesdienst!
Diese Gottesdienste können von allen Generationen gemeinsam besucht werden. Alle, die kommen, sollen auf ihre Weise angesprochen werden, inhaltlich etwas mitnehmen können und erleben können, dass Glauben und Gottesdienst zu feiern eine gemeinsame, generationsübergreifende Sache ist.

... an Weihnachten!
An Weihnachten ist an vielen Orten genau diese Art von Gottesdiensten gefordert. Der Besuch eines Familiengottesdienstes ist oft fester Bestandteil der familiären Rituale, Beginn eines festlichen Weihnachtsabends.
Auch im Leben einer Gemeinde sind Weihnachtsgottesdienste ein Höhepunkt. Viele Menschen fühlen sich an diesem Tag ihrer Kirchengemeinde und auch der christlichen Botschaft näher als in ihrem Alltag. Die Gemeinden wollen diese Chance nutzen und gemeindenäheren und -fernenen Menschen aller Generationen Raum bieten für diese Erfahrung.

... in der Tradition der Weihnachts- und Krippenspiele!
Für viele Kinder und Jugendliche ist das Mitwirken in Gottesdiensten sehr reizvoll. Es macht einfach Spaß, vor so vielen Leuten aufzutreten. Und an Weihnachten ist dieser Reiz besonders zu spüren. Das Nachspielen der altbekannten Weihnachtsgeschichte und auch einzelner aktueller Aspekte der Weihnachtsbotschaft lässt die Mitspieler ein Stückchen näher an Bethlehem rücken. Sie können der Menschwerdung Gottes begegnen.

Wie kann diese Verkündigung praktisch aussehen?

Diese Frage stand im Raum, als es ans konkrete Vorbereiten eines Weihnachtsfamiliengottesdienstes in der geplanten neuen Form ging. Ausge-

hend von den Erfahrungen der letzten Jahre versuchten wir zunächst Folgendes:
Um die Anforderung an einzelne Kinder nicht zu groß werden zu lassen, trennten wir strikt in Sprechrollen und szenisch-darstellende Rollen ohne Text. Schon allein das brachte riesige Fortschritte: Das, was erzählt oder dargestellt werden sollte, war für Zuschauende und Mitspielende plötzlich viel klarer. Zudem ließ sich die Handlung besser verfolgen. Außerdem konnten nun die Rollen auf Kinder mit wesentlich größerer Altersspanne verteilt werden. Niemand war mehr über- oder unterfordert. Die Fünfjährigen konnten in Ruhe Hirten spielen, ohne an einen Text denken zu müssen, und die Zwölfjährigen waren engagierte, gut verständliche Sprecherinnen und Sprecher, die sich nicht mehr verkleiden mussten.
Von dieser Erfahrung ermutigt, nahm ich immer größere Differenzierung vor: Es konnten jetzt mehrere Personenkreise verschiedenen Zeiten zugeordnet und die Botschaft so ganz unterschiedlich beleuchtet werden. Der Mitspielerkreis vergrößerte sich damit schrittweise. Die größere Anzahl an Mitspielern ließ eine bessere Aufteilung in Personen aus dem eigentlichen Weihnachtsgeschehen und Personen aus der Jetztzeit zu.
Sprechen und Spielen ergänzte ich um Tänze, Pantomime und Musikstücke, später auch um symbolische Handlungen, wie etwa das allmähliche Erhellen des Kirchenraums, wenn während eines Spiels nach und nach Kerzen angezündet werden. Auch dafür kamen neue Mitwirkende dazu, die sich auf diese Arten einbringen konnten.
Natürlich nahmen die Stücke dann auch an Umfang zu, denn es sollte ja immer erkennbar sein, wo in der Handlung man sich gerade befand. Und das ist leichter zu realisieren, wenn die unterschiedlichen Handlungsstränge an verschiedenen Orten spielen.
Es eröffnete sich ein großes Spektrum an Kombinationsmöglichkeiten, aus denen ich jeweils so auswählte, dass die Inhalte am stimmigsten vermittelt werden konnten.

So viele Verschiedenheiten in einem einzigen Stück?

Vielleicht fragen Sie sich das jetzt gerade. Wichtig ist natürlich, dass das Weihnachtsspiel nicht in lauter einzelne Szenen zerfällt. Nur wenn Darstellungsarten, Personenkreis und inhaltliche Aussagen eng miteinander verknüpft sind, kann ein Wechsel zwischen einzelnen Erzählsträngen funktionieren.

Das biblische Kinder- und Jugendtheater ist ein stark strukturiertes Theatermodell. Ein König kann nicht schnell einmal noch den alten Mann von nebenan darstellen und Maria kann, wenn sie vorher im Stall von Bethlehem gesessen hat, nicht zwischendurch zur tanzenden Hirtin werden. Das wäre zu verwirrend. Jeder bleibt in seiner Rolle, seiner Geschichte und in seiner Art, sie zu vermitteln. Der „rote Faden" muss erkennbar bleiben.

3. Grundbausteine des biblischen Kinder- und Jugendtheaters

„Wovon handelt es denn in diesem Jahr?“ (Verena, 13)
Es geht immer um die Weihnachtsbotschaft, also um das, was in der Bibel überliefert ist. Es ist wichtig, dass in jedem Stück, in jeder Geschichte die biblische Verwurzelung deutlich wird. Das biblische Kinder- und Jugendtheater hat zahlreiche Bezüge zu unserem Alltag, oft mit unterschiedlichen Schwerpunktsetzungen. Sie knüpfen aber immer an die eigentliche Weihnachtsbotschaft an.
Das funktioniert nach meiner Erfahrung nur dann, wenn nicht gleich der erste, sich aufdrängende Vergleich zwischen damals und heute aufgenommen wird, sondern die Hintergründe der ursprünglichen Aussagen sorgfältig betrachtet werden. In dem Stück „Das richtige Geschenk?!“ beispielsweise ist es nicht nur wichtig, dass Arme und Reiche (Hirten und Könige) zur Krippe kommen und deshalb auch heute alle eingeladen sind. Es wird auch die Motivation des Schenkens betrachtet: Die einen schenken Nützliches als Hilfe zur Bewältigung des Alltages, die anderen sehr Wertvolles, um deutlich zu machen, wie viel wert ihnen der Beschenkte ist. Diese (und noch weitere) Motivationen unseres Schenkens und Beschenktwerdens lassen sich so durch die biblische Geschichte illustrieren.
Eine Ausnahme bildet das Stück „Alle Jahre wieder“, in dem es vorwiegend um die Frage der Traditionen und ihren Sinn geht. Es nähert sich dem Thema Weihnachten ausschließlich von der Seite der Gegenwart. Dadurch ist ein Einsatz im nichtkirchlichen Rahmen und in zeitlich größerem Abstand von Weihnachten möglich.

„Sind wir die von Bethlehem oder sind wir wir?“ (Sabrina, 12)
Ein weiterer Schwerpunkt sind die verschiedenen Handlungsebenen: „damals, in Bethlehem“ und „heute, bei uns“. Sie werden immer von verschiedenen Personen dargestellt. Auch wenn die Handlungsebenen sich abwechseln und wieder aufgenommen werden, ist klar erkennbar, auf welcher Ebene sich das Spiel und damit auch der Zuschauer gerade befindet.
Das hat den Vorteil, dass ein „Aussteigen“ aus der Handlung an einzelnen Punkten nicht so dramatisch ist. Durch die klare Gliederung kann man sich auf seiner Ebene auch wieder einklinken. Es reißt nicht gleich der Faden. Wenn man die Gedanken unserer Zeit nicht mitverfolgen konnte oder wollte, kann man durchaus den Verlauf des Stückes im historischen Bereich weiter nachvollziehen.

„Ich hab gedacht, ich bin in echt in Bethlehem.“ (Philipp, 7)
Die Verteilung der Inhalte auf verschiedene Personenkreise ist meistens auch mit dem Einsatz verschiedener Darstellungsformen verbunden. Das rein darstellende Spiel kann für viele kleinere Kinder ein richtiges Weihnachtserlebnis sein. Das darstellende Spiel muss nicht wie im klassischen Rollenspiel mit vielen Bewegungen und auf die Zuschauer gerichteten Aktionen verbunden sein. Einfach dabei zu sein und sich in die Rolle einzufühlen, kann bereits zu einer inneren Begegnung führen. Dieses wirkliche Nachempfinden der Botschaft berührt aber auch die Zuschauer. Es wirkt nicht gespielt, nicht eingeübt, sondern ist ganz einfach echt. Ebenso echt ist es, wenn ältere Kinder Gespräche führen oder mit Bewegungen Inhalte ausdrücken.
So können Kinder unterschiedlichen Alters und auch unterschiedlicher Begabungen miteinander spielen. Es gibt auch für die Schüchternen, für die schlechten Leser und die Rabauken einen Platz beim biblischen Kinder- und Jugendtheater.

*„Dürfen die ganz Kleinen da schon richtig mitspielen?“
(Mutter der 5-jährigen Susanne)*
Ein Weihnachtsspiel sollte nicht zu stark auf eine Altersgruppe fixiert sein. Meist sollen ja die Kinder aus den verschiedenen kirchlichen Gruppen mitwirken können.
Gemeinschaft in einer Gemeinde kann auch beim Mitwirken an einem solchen Projekt erlebt werden. Dabei entwickelt sich die Erfahrung, wer zur Gemeinde gehört, und auch die Vorstellung davon, was man selbst in einem oder vielleicht fünf Jahren gerne machen möchte. So wird deutlich, wie offen die Einladung zum Leben mit der biblischen Botschaft gemeint ist.
Auch in der Gemeinde bereits existierende Gruppen, wie etwa Chöre, Musikgruppen oder ähnliche, können in die Stücke meistens problemlos integriert werden (siehe Seite 27).
Relativ problemlos funktioniert in altersgemischten Gruppen auch eine gewisse Fürsorge füreinander. Schnell ist jemand zur Stelle, wenn eine kleine Hirtin ihr Kostüm verliert oder Maria ihr Mikrophon vergisst.

„Können die Flötenspieler nächstes Jahr Engel sein?“ (Franziska, 9)
Wichtig ist es, wie die Kinder zu genau der Rolle kommen, die zu ihnen passt und die ihren Möglichkeiten entspricht. In unserer Gemeinde melden sich die Kinder, die gerne mitspielen möchten, einige Wochen vorher an. Auf dem Anmeldezettel (verteilt mit dem Gemeindebrief oder

über den Kindergarten) kann man ankreuzen, was man gerne tun möchte.
Meistens lassen sich bei der Besetzung alle Wünsche erfüllen. Fehlen Darsteller für bestimmte Rollen, suche ich – oft auch mithilfe der Lehrkräfte unserer Grundschule – gezielt nach Mitspielern. Das hat sich bewährt. Mittlerweile kommen bereits einige Monate vor den Aufführungsterminen Anrufe oder ich werde angesprochen: „Gibt es wieder so ein Weihnachtstheater? Kann ich mitmachen? Darf ich die Maria sein?"

„Da kriegt man richtig Lust, selbst mitzuspielen!"
(Vater des 8-jährigen Michael)
Mit der Anfrage, ob Erwachsenen auch mitspielen können, werde ich häufig konfrontiert. Erwachsene finden mitunter solchen Gefallen am biblischen Kinder- und Jugendtheater, dass sie selbst mitmachen möchten. Nach gründlicher Überlegung wurde diese Möglichkeit jedoch bewusst nicht in die Konzeption eingebaut. Zum einen erscheint mir die Altersspanne der Mitwirkenden einfach zu groß, zum anderen spielen die Kinder und vor allem auch die Jugendlichen weitaus weniger frei und begeistert, wenn Erwachsenen dabei sind. Deshalb greife ich nur in ganz wenigen Ausnahmefällen und auch dann in deutlich abgegrenzten Funktionen auf Erwachsene zurück. Häufig können aber auch deren Aufgaben von älteren Kindern oder Jugendlichen übernommen werden.

4. Biblisches Kinder- und Jugendtheater – konkret

Eine Vielzahl von Mitwirkenden, ein breites Alterspektrum, dazu noch unterschiedliche Formen der Darstellung – wie wird das alles zusammengehalten?
Wie bereits erwähnt, ist es aus Gründen der besseren Verständlichkeit sinnvoll, Personen deutlich der Gegenwartsebene oder dem biblischen Umfeld zuzuordnen, soweit diese Ebenen in den Stücken unterschieden werden. Noch klarer wird das Bild, wenn auch noch die Darstellungsformen und der jeweilige Ort klar voneinander abgegrenzt sind. Folgende Darstellungsformen werden in den Stücken eingesetzt:

Darstellendes Spiel
Im Präsentieren einer fremden Rolle können die Mitwirkenden im Spiel ganzheitliche Erfahrungen machen. Das darstellende Spiel eignet sich für ein relativ breites Alterspektrum. Kleinere und auch schüchterne Kinder wählen oft Rollen ohne Text und können gut und fröhlich mitwirken. Häufig stellen diese Spieler die biblische Erzählung dar. Natürlich erfordern die biblischen Teile auch Sprechrollen; der Textanteil ist aber bewusst klein gehalten, um jüngeren Kindern die Mitwirkung zu erleichtern. Biblische Rollen mit einem höheren Anteil an Text (z. B. Maria) werden von größeren Kindern gespielt.
Die Mitwirkenden in Szenen aus dem Alltag auf der heutigen Handlungsebene müssen relativ viel sprechen. Größere Kinder (etwa ab 10 Jahren) oder Jugendliche, die gerne spielen, sich aber nicht mehr unbedingt als „Krippenfiguren" verkleiden wollen, können diese Aufgabe übernehmen. Sie sollten aber einigermaßen gute Sprecher sein.

Gespräche und reflektierende Sprechrollen
Meistens finden sie sich an den Stellen der Stücke, wo der Inhalt verdeutlicht oder vertieft oder der Blickwinkel anderer klar gemacht werden soll. In der 7. Szene von „Die Menschen verändern sich doch sowieso nicht!" unterhalten sich beispielsweise zwei Schüler über ihren Versuch, wie die Sterndeuter neue Wege zu beschreiten. Sie berichten, wie sie in der Schule nach Wegen der Zusammenarbeit zwischen Starken und Schwachen gesucht und ihre persönlichen Anliegen in den Unterricht eingebracht, von den Lehrern jedoch nur Ablehnung erfahren haben. Sie reflektieren also darüber, inwieweit ihr Alltag etwas mit der Weihnachtsbotschaft zu tun hat.

Gewählt wird diese Form der Mitwirkung meistens von etwas älteren Jugendlichen (etwa ab 12 Jahren), die nicht mehr so gerne in fremde Rollen schlüpfen mögen. Meist sind sie auch bessere Leser und Sprecher – ein großer Vorteil für diese Art der Vermittlung.

Musik und Tanz

Musizieren und tanzen – auf der Skala der Mitwirkungswünsche ganz oben – sind für eine inhaltliche Verweildauer sinnvoll. Oft helfen sie aber auch, der emotionalen Botschaft Ausdruck zu verleihen, wie etwa bei den tanzenden Hirten, die sich darüber freuen, dass ausgerechnet sie als Erste die Krippe besuchen dürfen.
Für viele Kinder sind Musik und Tanz eine Möglichkeit, ihre innere Beteiligung zu zeigen, oder auch der erste Versuch, sich mit anderen zusammen in die Öffentlichkeit zu wagen. Gar nicht so selten wird der Wunsch geäußert, eigene Möglichkeiten einzubringen, etwa sich mit einem neu erlernten Instrument zu beteiligen.
Die Auswahl der Musikstücke richtet sich nach dem Können der Einzelnen und hängt auch von der Besetzung ab. Ich greife meistens auf die gängige Literatur zurück. Natürlich kann Musik auch eingespielt oder eventuell ganz weggelassen werden. Auch ganz andere Formen sind denkbar (Musikvorschläge im Anhang).
Bei den Tänzen genügen häufig schon einfachste choreographische Elemente. Der Spaß und das wirkliche Erleben stehen auch hier im Vordergrund. Durch Requisiten, wie etwa ein Stoffschaf, lässt sich schon mit relativ wenig Bewegung viel Wirkung erzielen. Auch absolute Exaktheit ist dann nicht nötig. Die begleitende Musik soll die gewünschte Stimmung zum Ausdruck bringen, einigermaßen ins Ohr gehen und keine allzu exakten Abläufen erfordern. So machen sowohl Proben als auch die Aufführung noch Spaß (Vorschläge zur Choreographie im Anhang).

Pantomime

Es geht nicht um perfekte pantomimische Darstellung, sondern um einfache Formen des körperlichen Ausdrucks, die Einzelaspekte des Inhaltes illustrieren, etwa die Einkaufhektik der Vorweihnachtszeit. In „Dieses Jahr kein Weihnachtsstress!" eilen Menschen mit Taschen und Weihnachtsutensilien hin- und her und sind total beschäftigt. Einer der Spieler bewegt sich in dieser Szenerie und fühlt sich in all der Hektik ganz verloren.
Für Pantomime kommen nur ältere Kinder oder Jugendliche infrage, da eine gewisse Langsamkeit und Überdeutlichkeit der Bewegungen nötig ist, zu der erst ältere Kinder in der Lage sind.

Symbolhandlungen
Wenn sich der Inhalt in seiner ganzen Tragweite in Worten schlecht ausdrücken lässt oder ganz persönliche Glaubenserfahrungen angesprochen werden sollen, bieten sich symbolische Handlungen an. Die Erhellung des Kirchenraums beim Verlesen der Jesajatexte in „Weihnachten fing viel früher an" ist eine solche Symbolhandlung oder das Aufgehens der Sterne in „Einen Leitstern wünsch' ich mir". Dort werden große Sterne in den Kirchenraum getragen, sie werden in die Handlung einbezogen und symbolisieren die Grundfrage: Welcher der vielen Sterne kann für mich ein Leitstern sein? Es bleibt den Mitwirkenden und den Zuschauern überlassen, inwieweit sie sich emotional auf das Stück einlassen wollen.
Bei Symbolhandlungen sollten die Mitwirkenden einen gewissen inhaltlichen und räumlichen Überblick haben. An diesen Mitwirkenden können sich dann auch jüngere Kinder orientieren.
Nahezu schon „traditionell" ist der Einzug der Personen aus Bethlehem durch den Kirchenraum. Diesen sehr feierlichen Moment schätzen die Beteiligten genauso wie die Zuschauer. Er erlaubt es, sich in die Geschichte einzufinden, und symbolisiert noch einmal den Wegcharakter von Weihnachten.

Rede, Moderation, Auslegung
Diese Elemente werden nur selten eingesetzt, meist wenn es um die Zusammenführung verschiedener Ebenen geht oder um eine inhaltliche Zusammenfassung oder Weiterführung, die darstellerisch nicht zu verdeutlichen ist. Hierzu benötigt man wirklich gute Sprecherinnen oder Sprecher.

Der rote Faden

Bei aller Differenzierung der Inhaltsebenen, der Personen und der Darstellungsweisen ist die inhaltliche Geschlossenheit ein zentrales Anliegen des biblischen Kinder- und Jugendtheaters. Alle Einzelaspekte werden am Ende zu einem großen Ganzen zusammengeführt.
Wie bereits erwähnt, geht es vor allem darum, die enge Verbindung zwischen unserem Alltag und der biblischen Botschaft zu zeigen. Diese inhaltliche Nähe wird am Ende der meisten Stücke dadurch deutlich gemacht, dass die „Krippenpersonen" und die „heutigen Personen" miteinander ins Gespräch kommen und auch räumlich vereint werden. Manchmal entsteht die Verbindung auch durch thematische Nähe, etwa in „Alle Jahre wieder".

Die Schwerpunkte liegen in den einzelnen Stücken auf unterschiedlichen Aspekten der Weihnachtsgeschichte, auch die Aktualisierungen beleuchten verschiedene Themen. Allen Stücken gemeinsam ist jedoch die grundsätzliche Verknüpfung der beiden Ebenen.

5. Die Praxis

Der Aufwand für die Vorbereitung muss sich in erträglichen Grenzen halten. Erfahrungsgemäß wird die Zeit vor Weihnachten sowieso knapp.

Bühne, Mikrophon, Requisiten

Für die Kinder- und Jugendtheaterstücke ist ein Mindestmaß an technischem und organisatorischem Aufwand nötig. Er hält sich in Grenzen, aber ganz ohne Hilfsmittel ist ein Zugang zu den Geschichten nur sehr schwer möglich.
Für gute Hörbarkeit ist meistens eine Mikrophonanlage nötig. Die mitwirkenden Kinder und Jugendlichen sind Laiensprecher, die es nicht gewohnt sind, große Räume mit ihrer Stimme zu füllen. Optimal ist es, jeden Mitspielenden mit einem tragbaren Mikrophon auszustatten. Die Stücke sind aber so angelegt, dass Mikrophone an zwei oder drei Stellen ausreichen.
Zur Not kann man auch ein Mikrophon herumreichen, denn selten sprechen in einer Szene mehr als drei oder vier Personen. Meist werden die einzelnen Szenen von etwa Gleichaltrigen gespielt, sodass ein Weiterreichen oder, besser noch, ein Drehen eines Standmikrophons ziemlich problemlos möglich ist. Auch Ortswechsel sind aus diesem Grund so gut wie nicht vorgesehen.
Für die reflektierenden Sprechteile können in Kirchenräumen auch die fest installierten Kanzelmikrophone oder Ähnliches verwendet werden.
Es ist wichtig, dass gerade kleinere Kinder hoch genug stehen. Während der Probe ist die Sicht nach vorne viel besser als in einem voll besetzten Raum. Wenn keine Bühne zur Verfügung steht, kann man sich auch mit höheren und größeren Tischen behelfen.
Da nur ein Teil der Mitspieler als „historische" Krippenfiguren auftritt, benötigen im Normalfall nur sie Kostüme. Die Kostüme sind wichtig, da auch über sie die Zuordnung entweder zum biblischen Handlungsspektrum oder zur Jetztzeit deutlich wird.
In unserer Gemeinde verwenden wir Kostüme in Universalgrößen (Umhang für Maria, Engelskleidchen usw.) und lose Stoffbahnen, die durch Stecken vielfältig einsetzbar sind, z. B. als Umhänge für die Könige. Alle Kostüme sollten sorgfältig gelagert werden; gut geeignet sind knitterfreie Stoffe. Königskronen aus Wellpappebänder können flach gelagert und

bei Gebrauch mit einer Büroklammer der jeweiligen Kopfgröße angepasst werden.
Häufig haben die Mitspieler sehr genaue und konkrete Vorstellungen davon, was sie für ihre Rolle brauchen, wie etwa Opas Hut oder die eigene Puppe als Jesuskind.
Sämtliche Requisiten lassen sich in jedem Haushalt finden oder aus dem Bekanntenkreis leicht beschaffen. Einige Symbole, wie etwa die Sterne in „Einen Leitstern wünsch' ich mir", müssen gebastelt werden. Das ist aber ohne großen Aufwand möglich.
Schön ist es, wenn der Stall von Bethlehem durch eine große Futterkrippe kenntlich gemacht werden kann.

Probentermine

Das Gute gleich vorweg: Sie benötigen nur ziemlich wenige Proben. Vor den Weihnachtstagen haben alle Kinder und Jugendlichen (und Erwachsenen) so viele Termine, dass viele Proben mit allen gar nicht machbar wären. Die hier genannten Proben stellen das Minimalprogramm dar.

Überblick für den Spielleiter oder die Spielleiterin
Zu jedem Stück sind in einem Raster Personen, Orte, Darstellungsformen und die wichtigsten Grundaussagen aufgeführt. Die Minimalzahl der Mitwirkenden, notwendige Kostüme und die ungefähre Spieldauer werden ebenfalls aufgeführt. So lässt sich auf einen Blick feststellen, ob ein Stück mit den zur Verfügung stehenden Mitspielern und den vorhandenen Mitteln zu realisieren ist.

Texte
Die Texte können in den meisten Fällen abgelesen werden. Allerdings sollten sie gut geübt sein und müssen deshalb den Mitwirkenden rechtzeitig zur Verfügung stehen. Das Auswendiglernen von Texten ist ein ungeheurer Aufwand für die Kinder, die oft auch noch für andere Aufführungen üben sollen. Die Konzentration auf Auswendiggelerntes nimmt viel von der Authentizität. Lesen ist kaum störend, es gibt den meisten Kindern und Jugendlichen mehr Sicherheit und damit auch mehr Ausstrahlung. Unsicheren Kindern oder Leseanfängern kann die Spielleiterin oder der Spielleiter auch ein wenig helfen.

Einzelproben

Es ist hilfreich, Tänze und Musikstücke vorher in ein oder zwei Einzelproben einzuüben. Dann entstehen für die anderen Mitspieler keine allzu langen Wartezeiten. Eine Probe sollte im Kirchenraum (oder in einem anderen Aufführungsraum) stattfinden, da die räumlichen Gegebenheiten und die Akustik oft gewöhnungsbedürftig sind. Wichtige Punkte für die Tänze können mit Klebebändern am Boden markiert werden. Sie können auch Hinweise zur Bewegungs- oder Blickrichtung geben.

Die Musiker sollten außer ihren Darbietungen auch den Auftritt proben. Darauf achten, dass nicht falsche Noten zuoberst liegen oder ein Notenständer fehlt.

Gesamtprobe

Im Anschluss an diese Vorarbeiten ist es meistens möglich, in einer großen Probe (Dauer etwa eineinhalb Stunden) das Stück zusammenzubauen.

Dabei sollten zuerst alle Sprechenden miteinander proben, um sich an die Akustik und die Mikrophone zu gewöhnen. Bei dieser Gelegenheit kann die Mikrophonanlage ausgesteuert werden, am besten von einem Mitwirkenden, der speziell für den technischen Bereich zuständig ist.

Den stummen Spielern müssen, ebenso wie den Musikern, die Auftrittsorte gezeigt werden.

Da die meisten Mitwirkenden nur ihre Szenen kennen, ist es sinnvoll, die Gesamtkonzeption des Stückes und die inhaltlichen Grundzusammenhänge kurz zu erläutern.

Es hat sich bewährt, diese Probe zu zweit durchzuführen. Während der ersten Sprechprobe im Altarraum werden die darstellenden Spielerinnen und Spieler im hinteren Teil der Kirche kostümiert, optimalerweise so, dass diejenigen, die auch Sprechteile haben, zuerst fertig sind und auch noch kurz ins Mikrophon sprechen können.

Im Anschluss daran wird das gesamte Stück mit Unterbrechungen nach den Szenen geprobt und die Übergänge werden besprochen. Dann folgt ein Durchlauf ohne Unterbrechungen.

Wenn möglich, sollte diese Probe am 23. Dezember stattfinden. So bleiben das Geprobte und auch die Verbesserungen bis zur Aufführung am nächsten Tag gut im Gedächtnis. Außerdem kommt häufig schon erste Feststimmung auf.

Sicher entsteht so keine perfekte Theateraufführung. Das biblische Kinder- und Jugendtheater soll jedoch auch bei der Aufführung eine innere Beteiligung der Mitwirkenden ermöglichen und spontan bleiben.

Und die Zuschauer?

Um die Gesamtaussage zu verstehen, muss nicht jeder Einzelaspekt des Stückes nachvollzogen werden. Gerade kleineren Kindern kommt der häufige Wechsel zwischen biblischen und alltäglichen Teilen sehr entgegen. Sie können sich wieder einklinken, wenn es auf „ihrer" Ebene weitergeht. Beim Stück „Weihnachten fing viel früher an" ist es beispielsweise möglich, nur den Aufbau der Krippe zu verfolgen. Dieser Aufbau wird zwar durch die symbolischen Teile und die Erklärungen immer wieder unterbrochen, aber durch die wieder auftretenden handelnden Hauptpersonen ist immer deutlich, wann es beim Krippenaufbau weitergeht.
Auch Erwachsene können sich auf das konzentrieren, was ihnen besonders am Herzen liegt. Der eine fühlt sich in dem Stück „Einen Leitstern wünsch' ich mir" vielleicht eher davon angesprochen, wie die verschiedenen Verlockungen auftreten, ein anderer vielleicht eher von der Frage, welche Möglichkeiten helfen können, den eigenen Weg zu finden.
In manchen Stücken wird das Publikum mit einbezogen, etwa wenn einzelne Szenen oder Symbolhandlungen im Zuschauerraum beginnen oder stattfinden, zum Beispiel der Einzug der Krippenspieler. Die Einbeziehung des Publikums sollte immer Angebotscharakter haben.

6. „Aber bei uns ist das so ...“

Die Weihnachtstücke in diesem Buch sind für einen ganz konkreten Rahmen entstanden. Nicht alles lässt sich wahrscheinlich eins zu eins auf Ihre Situation übertragen. Deshalb ist an jedes Theaterstück ein Hilfeteil mit Veränderungs- und Anpassungsvorschlägen angehängt. Es werden nicht sämtliche Variationsmöglichkeiten überall wiederholt, sondern jeweils unterschiedliche Möglichkeiten genannt, die aber sinngemäß auch für die anderen Stücke gelten. Einige Probleme sind genereller Natur:

Zu wenig Platz

Die räumliche Trennung zwischen „heute“ und „Bethlehem“ wird bewusst erst am Ende der Stücke aufgehoben. Ideal ist es, die beiden Handlungsorte in verschiedenen Ecken des Altarraums oder der Bühne darzustellen. Die Krippe sollte zentral positioniert sein, am besten direkt vor dem Altar. Bei räumlicher Enge können die Szenen der Jetztzeit davor spielen.
Die Szenenfolge zu verändern, ist nur eine Notlösung, da der innere Zusammenhang dann leicht verloren geht.

Zu wenige / zu viele Mitspieler

Sind zu wenig Sprecher vorhanden, können Spieler in den Szenen der Gegenwart mehrere Rollen übernehmen. Bei „Die Menschen verändern sich doch sowieso nicht!“ werden in sechs Szenen insgesamt zehn Sprecher gebraucht. Es können aber alle zehn Sprechrollen mit vier Sprechern abgedeckt werden.
Zu viele Sprecher können eventuell einzelne Rollen unter sich aufteilen. Das ist aber nur eine Notlösung. Vielleicht lassen sich einige zum stummen Spiel animieren?
Gibt es zu wenig oder zu viele Spieler für die Rollen ohne Text, kann die Anzahl der Darsteller natürlich variiert werden. Eine „Durchschnittsbesetzung“ der Weihnachtsszenerie liegt etwa bei 12–15 Darstellern. Sollten extrem wenig Mitspieler zur Verfügung stehen, ist es sinnvoll, eine Gruppe, etwa die Könige, wegzulassen und deren Aussage mit in ein Gespräch einzubauen.

Traditionen im Familiengottesdienst

In vielen Gemeinden steht der äußere Rahmen eines Familiengottesdienstes, gerade auch an Weihnachten, weitgehend fest. Meist lassen sich die Stücke des biblischen Kinder- und Jugendtheaters gut in solche Abläufe integrieren. Sie können zwar weitgehend alleine einen Gottesdienst bestimmen, es bleibt ist jedoch genügend Platz für Lieder, Gebete usw.
Allerdings ersetzen die meisten Stücke weitgehend die Predigt oder Auslegung. Sollte diese fester Bestandteil sein, sollte sie kurz ausfallen und eventuell den Stücken vorangestellt sein, da die Konzentration von Mitwirkenden und Zuschauern hinterher häufig erschöpft ist. Auch für den authentischen Erlebnischarakter der Stücke ist es ungünstig, danach wieder auf einen großen Wortteil umschalten zu müssen.
Tanz- oder Musikgruppen können an den entsprechenden Stellen meistens gut eingebaut werden. Allerdings sollte man überlegen, ob ein solcher Auftritt den Charakter des Stückes nicht stört. Ein Posaunenchor aus lauter Erwachsenen etwa sollte nicht als „Könige" auftreten und an der Krippe musizieren. Eine gut formulierte Überleitung zu einer Einlage, die daran erinnert, wie vielleicht die Könige an der Krippe musizieren, ist viel angemessener.
Wirken feste Personengruppen regelmäßig im Weihnachtsgottesdienst mit, kann man überlegen, einer solchen Gruppe geschlossen einen bestimmten Part zu übertragen. Allerdings eignen sich nicht alle Szenen für alle. In dem Stück „Dieses Jahr kein Weihnachtsstress" beispielsweise wollen Jugendliche das Weihnachtsfest ausfallen lassen. Das kann schlecht von einer Kindergruppe gespielt werden.
Schwierig ist es auch, wenn Erwachsene in ein solches Konzept mit eingebaut werden müssen. Das Mitspielen von Erwachsenen verändert den Charakter der Stücke erheblich.

Weihnachtsspiel ohne Gottesdienst

Die meisten der Weihnachtsstücke eignen sich auch zur Aufführung außerhalb eines Gottesdienstes. Natürlich ist der Bezug zur biblischen Botschaft prägender Inhalt. Dennoch können sie auch bei anderen Anlässen aufgeführt werden. Hinweise, wie das aussehen kann, finden sich im Anschluss an einige Stücke.

Aktualität

Häufig wird ein Teilaspekt, der in einer einzelnen Szene beleuchtet wird, durch ein anderes Beispiel aktueller wiedergegeben werden können oder es lassen sich konkrete Bezüge zu Ihrer Gemeinde herstellen. Eine solche Aktualisierung ist zwar etwas heikel, denn die einzelnen Ebenen sind inhaltlich geschlossen, führen aber alle zu einer großen Gesamtaussage. Dieser inhaltliche Zusammenhang darf nicht durch vorschnelles Austauschen von Beispielen gefährdet werden.

Dennoch ist eine Aktualisierung mithilfe des Rasters relativ „ungefährlich". Dort sind die Grundaussagen einer Szene jeweils knapp und ziemlich abstrakt zusammengefasst. Stimmt diese Grundaussage mit dem veränderten Beispiel überein, dürfte es keine Probleme im Ablauf des Stückes geben.

Das Raster ist übrigens auch hilfreich, wenn Szenen (etwa bei Spielermangel) zu erzählenden oder reflektierenden Texten umgewandelt werden müssen.

Alle Jahre wieder

(Mirjam erlebt die Weihnachtstraditionen als belastend und findet, dass sie den Spaß am Weihnachtsfest verderben. Erst als sie die Hintergründe für die familiären Gepflogenheiten kennen lernt, kann sie verstehen, dass Traditionen etwas Positives sein können.)

Angaben zum Stück

Mitwirkende Personen:

sprechend und darstellend (große Textanteile)

- Mirjam (Mi)
- Mutter (M)
- Vater (V)

musizierend

- Flötengruppe

moderierend

- 1 Person für die Aktionen

helfend

- etwa 4 Personen, die bei der Durchführung der Aktionen helfen

Kostüme: keine

Requisiten / Material:

- Kleid mit Spitzenkragen, Rüschen o. Ä.
- evtl. Krippe oder Weihnachtsdekoration (Aktion 2)
- für die Zuschauenden: Christbaumkugel und Folienstift oder Papierkreis mit Aufhänger und Stift, Plätzchen, ein Stück Schmuckband oder Dekoration, Bild mit Krippendarstellung, kleine Geschenke wie z. B. eine Kerze oder ein Glöckchen

Aufführungsdauer: 30–40 Minuten

Szene	Personen / Ort	Inhalt / Grundaussagen	Darstellungsformen
1	Mirjam, Mutter, Vater, Flötengruppe Bühne	Weihnachtstraditionen in der Familie werden benannt.	• Flötenspiel • darstellendes Spiel
Aktion 1	alle Zuschauer Kirchenraum / Zuschauerraum	Was sind für mich ganz persönlich unverzichtbare Weihnachtstraditionen?	• aufschreiben oder malen
2	Mirjam, Mutter	Traditionen können auch belasten. Weihnachten soll ausfallen.	• darstellendes Spiel
Aktion 2	alle Kirchenraum / Zuschauerraum, Bühne	s. Szene 2	• Symbolhandlung: Christbaumkerzen werden abgeschaltet / ausgelöscht.
3	Mirjam, Mutter, Vater, Flötengruppe Bühne	Weihnachtstraditionen sind anstrengend. Weihnachtstraditionen können helfen, angenehme Erlebnisse oder Erfahrungen ins Gedächtnis zu rufen und Kraft daraus zu schöpfen.	• darstellendes Spiel • Flötenspiel
4	Mirjam, Mutter, Vater Bühne	Die Hintergründe einzelner Traditionen werden erklärt und transparent gemacht. Aussage aus Szene 3 wird damit verdeutlicht.	• darstellendes Spiel • schrittweise Rücknahme der Aktion 2
Aktionen 3–6, eingebaut in Szene 4	Zuschauer Kirchenraum / Zuschauerraum	Erklärung zu den Traditionshintergründen machen diese nachvollziehbar.	• Verteilung von symbolischen Gegenständen • evtl. stumme Szene, Lesung
5	Mirjam, Mutter, Vater, Flötengruppe Bühne	Wenn die positive Funktion von Traditionen nachvollziehbar ist, können neue Traditionen eine große Aussagekraft erhalten.	• darstellendes Spiel • Flötenspiel
Aktion 7		Die Christbaumkugeln mit den von den Zuschauern geschriebenen Traditionen werden an den Christbaum gehängt oder geklebt.	• symbolische Verknüpfung von persönlichem Leben der Zuschauer und Aussagen des Stückes

SZENE 1

Personen:
Mirjam (Mi),
Mutter (M),
Vater (V),
Flötengruppe

Ort:
Bühne

(Flötengruppe spielt „Alle Jahre wieder".)

Mi: Das Lied kenne ich auch! Ich kann es auch schon auf meiner Flöte spielen, obwohl ich erst seit September in die Flötenstunde gehe. Drei Weihnachtslieder kann ich schon; die habe ich im Advent fast jeden Tag gespielt.

M: Ja, Mirjam, das ist toll! Da werden die Oma und die Tante Hilde aber staunen, wenn du die morgen bei der Bescherung auch spielst.

Mi: Will ich aber nicht! Morgen mag ich nicht vorspielen.

M: Ach komm, die beiden freuen sich doch schon so darauf – und Papa und ich auch. Weihnachtslieder gehören doch einfach zu Weihnachten – so wie der Christbaum und die Geschichte von den Engeln, Hirten und dem Stall von Bethlehem, in dem Jesus geboren wurde.

V: Also, ich fahre dann mal zum Bahnhof, um die Oma und Hilde abzuholen. Die beiden freuen sich ja schon seit Wochen, dass sie an Weihnachten wieder bei uns sein dürfen.

M: Besuch gehört doch auch zu einem richtigen Weihnachtsfest dazu. Die beiden sollen an Weihnachten nicht alleine in ihren Wohnungen sitzen.

Mi: Außerdem ist es sowieso schade, dass die Oma so weit weg wohnt und uns nur manchmal besuchen kann.

V: Ach ja, und den Weihnachtsbraten hole ich dann auch gleich vom Metzger ab, ja?

Mi: Warum gibt es an Weihnachten *immer* Braten?

V: Also für mich wird es immer erst Weihnachten, wenn ich Mamas Braten im ganzen Haus riechen kann!

AKTION 1

An alle Zuschauer werden Christbaumkugeln zum Beschriften verteilt. Falls technisch und finanziell möglich, echte Kugel, die mit Folienstiften beschriftet werden, falls nicht, ausgeschnittenen Pappkreise.
Alle bekommen den Auftrag, ihre liebste Weihnachtstradition aufzuschreiben. Kinder können auch malen, was für sie unbedingt zu Weihnachten gehört. Dazu leise Musik. Nach einiger Zeit werden die beschrifteten Kugeln eingesammelt.
Sollte die Aktion an dieser Stelle zu aufwändig sein, kann man sie auch vor Beginn der Veranstaltung oder des Gottesdienstes durchführen. Möglich ist auch eine derartige Vorarbeit in Schulklassen oder Gemeindegruppen.

SZENE 2

Personen:
Mirjam (Mi),
Mutter (M)

Ort:
Bühne

M: Na, Mirjam, jetzt sind die Oma und Tante Hilde endlich wieder da!
Mi: Ich freu' mich darüber. Und sie bleiben bis zum neuen Jahr! Da kann ich bestimmt ganz viel mit ihnen spielen und zum Schlittenfahren gehen und Bücher anschauen und ...
M: Natürlich, die beiden freuen sich doch auch auf dich. Und hast du gemerkt, wie stolz die Oma war, als Papa erzählt hat, dass du morgen bei der Bescherung mit deiner Flöte spielen wirst? Da les' ich die Weihnachtsgeschichte ja doppelt so gerne vor, hat die Oma gesagt.
So, und jetzt bügle ich noch dein schönes Kleid, damit du morgen auf ganz festlich aussiehst!

(Nimmt Kleid mit Spitzenkragen o. Ä. hoch.)

Mi: O, Mann, ich will morgen aber etwas anderes anziehen! Schließlich ist Weihnachten!
M: Eben weil Weihnachten ist, sollst du es ja anziehen. Da zieht man doch seine schönsten Sachen an!
Mi: (traurig und wütend) Von mir aus kann das blöde Weihnachten ausfallen! Ich will das Kleid nicht anziehen! Alles macht ihr mir kaputt! Mir gefällt Weihnachten nicht mehr! Das blöde Kleid soll ich anziehen und immer gibt es Essen, das ich nicht mag! Und dann soll ich auch noch auf der Flöte spielen und darf keine Geschenke auspacken, weil die Oma immer so lange aus der Bibel vorliest, obwohl die Geschichte sowieso jeder kennt! Dann soll Weihnachten doch gleich ausfallen!

(Mirjam geht weinend in eine Ecke der Bühne, setzt sich und dreht dem Publikum den Rücken zu. Sie ist wütend und traurig.)

AKTION 2

Allmählich werden Lichter gelöscht. Sollte sich ein beleuchteter Christbaum im Raum befinden, können die Kerzen abgeschaltet werden. Vielleicht kann auch eine Krippe oder Weihnachtsdekoration weggeräumt werden. Allerdings sollte dies Phase nicht zu lange dauern. Während Szene 3 werden diese Veränderungen schrittweise wieder rückgängig gemacht.

SZENE 3

Personen:
Mirjam (Mi),
Mutter (M),
Vater (V)

Ort:
Bühne

V: Mirjam, dürfen wir zu dir kommen?

(Mirjam dreht sich zögernd um, Mutter und Vater setzen sich neben sie. Beide nehmen Mirjam kurz in den Arm.)

M: Du hast vorhin gesagt, dass Weihnachten ausfallen soll. Das willst du doch nicht wirklich, oder?

V: Ist es wirklich so schlimm, wie wir Weihnachten feiern?

Mi: Ich weiß auch nicht genau ... Es ist halt ... Es ist halt so anstrengend!

M: Was ist denn so anstrengend, Mirjam?

Mi: Dass ich Weihnachten immer so ein Kleid anziehen muss und damit nicht richtig auf dem Boden spielen kann. Und jedes Jahr liest die Oma so lange aus der Bibel vor, wenn ich doch Geschenke auspacken will. Dann gibt es immer den Weihnachtsbraten, ich mag doch nicht so gerne Fleisch. Und jetzt soll ich auch noch Flöte spielen. Das kannst du dann jedes Jahr machen, Mirjam, hat die Tante Hilde heute gesagt.

V: Findest du es nicht schön, wenn manche Sachen jedes Jahr gleich sind?

Mi: Hm, aber warum sollen denn die Sachen immer gleich sein? Es kann doch auch mal etwas anderes zu essen geben, Nudeln zum Beispiel!

M: Weißt du, Mirjam, wenn Menschen etwas gut gefällt, dann wollen sie es immer wieder erleben. Man möchte ein schönes Gefühl zurückholen. Das geht manchmal leichter, wenn man alles außen herum so macht, wie es beim letzten Mal auch war oder eben wie es schon immer war.

(Mirjam schaut ihre Eltern verwundert an. So ganz kann sie das noch nicht verstehen.)
(Zwischenspiel der Flötengruppe)

SZENE 4

Personen:
Mirjam (Mi),
Mutter (M),
Vater (V)

Ort:
Bühne

V: Das kannst du nicht ganz verstehen, oder?

(Miriam schüttelt den Kopf.)

V: Schau, Mirjam, als Mama und ich das allererste Weihnachtsfest zusammen gefeiert haben, als du noch nicht auf der Welt warst, da hat Mama zum ersten Mal ihren Weihnachtsbraten gemacht. Wir haben uns damals so gefreut, dass wir eine eigene Wohnung haben und zusammen feiern können. Und wir haben schon gewusst, dass du bald zu uns kommen wirst. Es war so ein schönes Fest. Daran muss ich immer denken, wenn ich Mamas Weihnachtsbraten rieche.

Mi: Das ist schön. Dann ist es für dich ja so wie für mich mit den Plätzchen. Wenn ich von der Schule heimkomme und rieche zum ersten Mal, dass die Mama mit dem Plätzchenbacken begonnen hat, dann krieg ich auch immer ein tolles Gefühl und weiß, dass jetzt bald Weihnachten ist.

M: Vielleicht können wir ja nach dem Braten morgen deine Lieblingsnachspeise machen, was meinst du?

Mi: O ja, dann ist es für euch *und* für mich toll!

AKTION 3 Plätzchen werden durch die Reihen gegeben.

Mi: Aber das Kleid, Mama! Es ist doch auch Weihnachten, wenn ich etwas anderes anhabe. Etwas, womit ich richtig gut spielen kann.

M: Ich denke mir eben immer, wenn so ein tolles Fest ist, dann soll alles ganz besonders schön sein. Auch außen herum. Natürlich ist es auch Weihnachten, wenn ich die Wohnung nicht putze, und trotzdem finde ich, dass an Weihnachten alles schön sein soll, weil es für mich so ein wichtiges Fest ist. Mit den Kleidern ist es auch so: Wir machen uns so schön, wie es nur geht, mit unseren allerschönsten Kleidern!

Mi: Hm, ich ziehe das Kleid ja sonst auch zu besonderen Sachen an, zum Schulkonzert und so – Weihnachten ist ja auch etwas Besonderes ... also gut!

M: Magst du vielleicht ein Schmuckstück von mir ausleihen zu deinem Kleid?

Mi: Gerne, das ist toll, Mama. Da brauche ich dann wirklich ein Festkleid! Kann ich auch ein bisschen von deinem Nagellack auf die Fingernägel haben?

AKTION 4 Etwas Festliches, Schmückendes wird durch die Reihen gegeben, vielleicht ein Stück schönes Geschenkband o. Ä.

Mi: Jetzt finde ich Weihnachten schon wieder besser. Aber was ich noch nicht verstehe: Warum liest die Oma immer wieder die gleiche Geschichte aus der Bibel vor? Wir kennen die doch alle. Und vorher, im Gottesdienst, hören wir sie auch schon. Wir wissen doch, dass Jesus an Weihnachten geboren wurde. Sonst würden wir ja schließlich nicht Weihnachten feiern!

V: Immer haben Menschen die Geschichte vorgelesen, meistens mit genau den gleichen Worten. Und sie haben dabei gespürt, wie es plötzlich wirklich Weihnachten wird in ihrem Leben und in ihren Herzen.

Mi: Also, ich merke das in meinem Herzen nicht bei der Geschichte. Ich merke das immer, wenn ich ins Weihnachtszimmer darf und die Kerzen am Christbaum brennen. Da ist so ein schönes Gefühl in mir drin! Ganz feierlich fühle ich mich da!

V: Siehst du. So wie das bei dir mit den Kerzen ist, so ist das eben für die Oma und viele andere Menschen mit der Geschichte. Denen wird ganz feierlich, wenn sie die Geschichte aus der Bibel hören.

Mi: Na, wenn das für die Oma und die Tante Hilde und euch so wichtig ist, dann soll sie die Oma halt vorlesen. Ich will ja, dass alle so ein Weihnachtsgefühl kriegen wie ich!

AKTION 5

Ein Bild mit einer Krippenszene wird durch die Reihen gegeben. Währenddessen kann die Weihnachtsgeschichte vorgelesen werden oder es wird auf später verwiesen. Es ist auch möglich, eine lebendige Krippenszene im Altarraum aufzubauen.

Mi: Noch etwas verstehe ich nicht. Warum hat Tante Hilde gestern gesagt, dass sie sich freut, wenn ich jetzt jedes Jahr Flöte spiele und nach und nach alle Weihnachtslieder lerne? Kind, das ist das allerschönste Weihnachtsgeschenk für mich, hat sie gesagt. Das kann doch gar nichts mit früher zu tun haben. Da konnte ich ja noch gar nicht Flöte spielen!

M: Genau kann ich dir das jetzt nicht erklären, Mirjam. Da müssen wir später Tante Hilde selbst fragen. Aber Oma hat mir erzählt, dass sie ein Weihnachtsfest gefeiert haben, da hatten sie gar nichts. Keine Wohnung, keinen Christbaum und ganz wenig zu essen.

Mi: Hat das mit dem Krieg zu tun, der war, als Oma und Tante Hilde klein waren?

M: Ja. Gott sei Dank ist der schon lange vorbei. Aber sie hatten auch kein Geld für Geschenke. Oma und Tante Hilde haben damals für ihre Eltern als Weihnachtsgeschenk alle Weihnachtslieder gesungen, die ihnen nur eingefallen sind. Vielleicht denkt Tante Hilde daran.

Mi: Ja, aber dann kennt sie die Lieder ja alle viel besser als ich!

V: Na ja, das ist eben so mit den Geschenken. Manchmal weiß man ja schon ein bisschen, was man bekommt. Aber wenn es dann eingepackt vor einem liegt, freut man sich trotzdem ganz fest.

Mi: Genau! Wenn ich morgen eine Babypuppe kriegen würde, ich würde einen Luftsprung machen!

AKTION 6

Ein kleines Geschenk wird durch die Reihen gegeben, z. B. eine Kerze, ein Anstecker, ein kleines Glöckchen o. Ä.

SZENE 5

Personen:
Mirjam (Mi),
Mutter (M),
Vater (V),
Flötengruppe

Ort:
Bühne

V: Verstehst du jetzt, warum man manche Sachen immer wieder macht?

Mi: Ja, jetzt verstehe ich das ein bisschen. Auf manches freue ich mich jetzt richtig. Ach, eigentlich freu' ich mich jetzt wieder ganz toll auf Weihnachten. Natürlich soll es nicht ausfallen. Nur …

M: Nur was, Mirjam?

Mi: Flöte spielen bei der Bescherung morgen möchte ich wirklich nicht. Da bin ich zu aufgeregt und möchte nicht an Noten und richtige Töne denken. Da möchte ich nur den Christbaum anschauen und mich auf meine Geschenke freuen.

M: Wenn du nicht willst, musst du nicht spielen.

Mi: Aber ich hätte da noch eine Idee: Nachmittags, bevor wir in die Kirche gehen, da kommen doch immer Tante Inge und Onkel Michael zu uns zum Kaffeetrinken. Und dieses Jahr kommt zum ersten Mal ihr Baby mit. Und bevor sie heimgehen, da könnte ich Flöte spielen. Das mache ich dann jedes Jahr. Und spiele immer das gleiche Lied zum Schluss. Wenn die kleine Anna das dann jedes Jahr hört, dann weiß sie gleich, dass jetzt dann bald was Tolles kommt, eben dass jetzt Weihnachten anfängt!

M: Das wirklich eine sehr schöne Idee, Mirjam. So machen wir das.

V: Na, und wenn die kleine Anna dann in ein paar Jahren sagt: Ich will aber nicht Mirjams Lieder hören, das ist immer das Gleiche, ich will heimgehen und meine Geschenke auspacken!?

Mi: Dann erkläre ich ihr, dass man Sachen deswegen immer wieder gleich macht, weil man schöne Gefühle und gute Gedanken damit leichter herbeiholen kann.

(Die Flötengruppe spielt zu Abschluss nochmals „Alle Jahre wieder". Mirjam spielt mit. Im Anschluss daran sollte das Lied gemeinsam gesungen werden.)

AKTION 7

Während des Liedes werden die beschrifteten Christbaumkugeln an einen (echten oder gemalten) Baum gehängt.

Wie es weitergehen kann

Da sich dieses Weihnachtsspiel dem Thema Weihnachten ausschließlich von der Gegenwart nähert, ist für einen gottesdienstlichen Rahmen zu überlegen, ob und in welcher Form die Weihnachtsgeschichte eingebaut werden kann. Möglich ist dies nach Aktion 5, aber auch im Anschluss an das Spiel. Dann sind einige überleitende Gedanken sinnvoll, die einen guten Zugang zu den vertrauten Worten der Weihnachtsgeschichte ermöglichen.

Möglichkeiten und Hilfen

Aufführungstermin
Neben dem Einsatz in einem Gottesdienst an Heiligabend bietet sich dieses Stück auch für Aufführungen am 4. Advent oder einem der Weihnachtsfeiertage an. Es lässt sich auch gut im außerkirchlichen Rahmen umsetzen.

Mangelnde Mitwirkung
Ist zu befürchten, dass Zuschauer sich nicht an den Aktionen beteiligen, kann man die erste Aktion auslagern und die Kugeln mit einer kleineren Gemeindegruppe vorher beschriften. Die Ergebnisse sollten den Zuschauern dann vor Beginn des Stückes vorgelesen werden.
Die symbolischen Gegenstände müssen nicht an alle verteilt werden. Es können auch nur die Kinder in der Nähe der Bühne bedacht werden.

Aufführungsort
Im Gegensatz zu den meisten anderen Spielen wird nur eine kleine Bühne benötigt.

Das richtige Geschenk?!

(Geschenke sind wichtig an Weihnachten. Doch welche Art zu schenken ist die richtige? Was waren die Hintergründe für die Gaben der Hirten, der Engel, der Könige und von Josef und Maria?)

Angaben zum Stück

Mitwirkende Personen:

sprechend (große Textanteile)
- SprecherIn 1 (Moderation und Reflexion)
- 8 SprecherInnen A, B, C, D, E, F, G, H (Texte aus der Gegenwart)

(kleinerer Sprechanteil)
- SprecherIn 2

sprechend und darstellend
- 1 Hirte
- 1 König
- 3 Engel (Engel 1–3)
- Maria
- Josef

darstellend
- weitere Hirten
- weitere Könige

tanzend
- HirtInnen mit Schafen (Kuscheltiere)

musizierend
- 1 Engel mit Trompete
- Engel (Flötengruppe)

Kostüme: siehe Anhang

Requisiten / Material: Stoffschafe oder andere Kuscheltiere für die tanzenden Hirten

Aufführungsdauer: etwa 30 Minuten

Szene	Personen / Ort	Inhalt / Grundaussagen	Darstellungsformen
1	SprecherIn 1 Lesepult	Geschenke haben große Bedeutung als Zeichen zwischenmenschlicher Achtung und Zuneigung.	• Rede
2	SprecherInnen A, B, C, D, E, F, G, H Bühne	Wer hatte wohl das richtige Geschenk für Jesus?	• Gespräch
3	SprecherIn 1 Lesepult	Welche Bedeutung Geschenke haben, können wir an Weihnachten herausfinden.	• Rede
4	Engel mit Trompete, Engel mit Flöten, Hirten, Könige, Maria, Josef Kirchenraum, Altarraum	Einzug der Darsteller	• Musik • darstellendes Spiel
5	SprecherInnen A, B, Hirten, einer davon sprechend Bühne	Praktische Geschenke erfreuen besonders. Die Hirten schenkten Lebensnotwendiges.	• Gespräch • darstellendes Spiel • Tanz
6	SprecherInnen C, D, Maria, Josef Bühne	Wichtiger als der Wert eines Geschenkes ist die Einstellung des Schenkenden. Maria und Josef haben Jesus offene Herzen und ihre Zuneigung geschenkt.	• Gespräch • darstellendes Spiel • Lied
7	SprecherInnen E, F, Könige, einer davon sprechend Bühne	Besondere Geschenke gelten besonderen Menschen. Die Könige schenkten Wertvolles.	• Gespräch • darstellendes Spiel
8	SprecherInnen G, H, Engel, drei davon sprechend Bühne	Geschenke können einen Teil Gottes widerspiegeln. Die Engel brachten als Geschenk Gottes Botschaft.	• Gespräch • darstellendes Spiel • Flötenspiel
9	SprecherIn 2, Josef Lesepult, Altarraum	Welches war das richtige und das wichtigste Geschenk? Jesus hat alle Geschenke gebraucht.	• Interview • darstellendes Spiel
10	SprecherInnen A, B, C, D, E, F, G, H Bühne	Jeder schenkt und bekommt das, was in seiner Lebenssituation gerade notwendig und möglich ist.	• Gespräch
11	SprecherIn 1 Lesepult	Jesus zeigt mit seinem Leben alle Dimensionen von Geschenken.	• Rede • Lied

SZENE 1

Personen:
SprecherIn 1

Ort:
Lesepult

SprecherIn 1: Die Geschenke sind doch nicht das Wichtigste an Weihnachten! Bestimmt habt ihr das schon oft gehört. Vielleicht habt ihr oder haben Sie das auch in diesem Jahr zu anderen gesagt.
Sicher, das Wichtigste an Weihnachten ist, dass Gottes Sohn zu uns Menschen gekommen ist und in jedem Jahr wieder zu uns kommt. Aber trotzdem. Geschenke gehören zu Weihnachten. Und ob wir das zugeben oder nicht: Sie sind auch wichtig für uns alle.
Es ist schön und wichtig, dass ich Geschenke bekomme, die mir zeigen, dass Menschen mir eine Freude machen wollen. Und genauso wichtig ist es, dass ich beim Verschenken zeigen kann, wie wichtig andere Menschen für mich sind. Auch Jesus wurde bei seiner Geburt reich beschenkt – mit ganz unterschiedlichen Dingen. Welches wohl das richtige Geschenk für Gottes Kind war?

SZENE 2

Personen:
SprecherInnen A, B, C, D, E, F, G, H

Ort:
Bühne

A: Das richtige Geschenk für den kleinen Jesus? Also, für mich ist das keine Frage: Die Hirten haben gleich kapiert, was die Familie im Stall von Bethlehem jetzt braucht! Eine richtige Hilfe waren ihre Geschenke!

B: Sie haben die lebensnotwendigen Dinge mitgebracht: Milch, Kleider, Decken, Essen und Trinken. Das war genau richtig in dieser Situation! Sie haben dafür gesorgt, dass die Familie überleben konnte.

C: Ich sehe das ein bisschen anders. Maria und Josef, die haben ihrem Jesus das Beste geschenkt, was er bekommen konnte: ein offenes Herz und ganz viel Liebe!

D: Ja, sie haben ihn aufgenommen bei sich und haben sich gefreut, dass Gott ihnen den kleinen Jesus anvertraut hat. Ohne diese Liebe und Wärme im Herzen hätten doch die ganzen Gaben der Hirten nichts genützt!

E: Das ist ja schön und gut. Trotzdem finde ich, dass die Könige aus den fremden Ländern die richtige Idee hatten. Die haben das Wertvollste, was sie finden konnten, mitgebracht: Gold, Weihrauch und Myrrhe. Das hat man damals nur den Königen geschenkt.

F: Obwohl sie aus anderen Ländern kamen, haben sie damit deutlich gezeigt, dass Jesus ein König ist, etwas ganz Besonderes. Sie haben nicht einfach etwas geschenkt, was man überall bekommen kann, nein, richtig viel Geld haben sie für Jesus ausgegeben.

G: Ihr habt alle vergessen, dass Jesus nicht nur ein Kind von Maria und Josef war. Er kam von Gott. Deshalb finde ich, dass es am besten war, wie sich die Engel verhalten haben. Sie haben ihm nicht nur menschliche Geschenke gemacht, sie haben den Sohn Gottes mit ihrem Gesang geehrt, haben Gott gepriesen und allen Menschen verkündet, dass ein Wunder geschehen ist.

H: Sie haben Jesus und seiner Familie und allen Menschen ein Stück von Gott auf die Erde gebracht und gesagt, dass nun Frieden bei den Menschen sein soll, weil Gott die Menschen liebt. Ein Stück von Gott – also, ein besseres Geschenk kann es doch nicht geben, oder?

SZENE 3

Personen: SprecherIn 1

Ort: Lesepult

SprecherIn 1: Was nun das richtige Geschenk damals war, ist für uns schwer herauszufinden. Vielleicht haben sich Maria, Josef und Jesus über alle gefreut? Vielleicht haben wir aber heute die Gelegenheit, das noch herauszufinden, denn heute an Weihnachten kommen ja alle, die damals dabei waren auch zu uns.

SZENE 4

Personen: Engel mit Trompete, alle Engel, Hirten, Könige, Maria, Josef

Ort: Kirchenraum, Altarraum

(Ein Engel spielt auf der Trompete das Lied „Vom Himmel hoch, da komm' ich her".
Danach ziehen die Spieler in einem feierlichen Zug von hinten ein und postieren sich um die Krippe. Dazu festliche Musik, z. B. J. S. Bach: Schlusschor des Weihnachtsoratoriums, BWV 248, Kantate VI, in einer Instrumentaleinspielung oder J. Clark: Prince of Denmark's March; weitere Musikvorschläge im Anhang.)

SZENE 5

Personen: A, B, Hirten, einer davon sprechend

Ort: Bühne

A: Jetzt möchte ich doch wissen, ob wir beide nicht Recht hatten! Am meisten haben sich Jesus und seine Eltern bestimmt über die ganz praktischen Geschenke gefreut.

B: Das glaube ich auch! Was hätten sie denn mit irgend so einem Firlefanz machen sollen? Mir geht das doch auch so. Über das, was ich echt brauchen kann, freue ich mich am meisten!

A: Ja, meine Tante schenkt mir immer Sachen für später mal. Ich meine, da ja ganz nett, aber was soll ich jetzt mit Dingen, die mir vielleicht in zehn Jahren Freude machen werden?

B: Genau, was Praktisches finde ich am besten: eine Kinokarte, coole Klamotten oder CDs – damit kann man mir echt eine Freude machen!

A: Komm, wir fragen die Hirten mal, was sie sich dabei gedacht haben! Hallo, ihr Hirten, kommt doch mal zu uns! Wir wollen gerne etwas wissen von euch!

(Hirten kommen auf die Bühne.)

B: Erzählt uns doch mal, warum ihr dem Jesuskind damals ausgerechnet Windeln, Decken und Essen geschenkt habt.

Hirte: Wir dachten uns einfach: Das können diese Leute jetzt brauchen! Wir hätten uns schließlich auch über solche Dinge gefreut. Wir Hirten haben oft nicht genug von den allernotwendigsten Sachen zum Leben. Deshalb haben wir das so gemacht. Und ich sage euch: Die haben sich riesig gefreut über unsere Geschenke!

A: Also hatten wir doch Recht. Was nützt alles Schöne, wenn man nicht genug zum Leben hat. Und, ihr Hirten, ich glaube, ihr habt euch auch sehr gefreut, dass ihr Jesus beschenken konntet, oder?

(Hirten nicken heftig.)

Hirte: Ihr könnt euch gar nicht vorstellen, wie sehr wir uns gefreut haben, dass ausgerechnet wir Hirten als Erste zu Jesus durften. Manche von uns haben getanzt vor Freude! Sogar einige Schafe haben mitgetanzt.

(Tanz der Hirten mit ihren Kuscheltieren.)

SZENE 6

Personen:
C, D, Maria, Josef

Ort:
Bühne

C: Also, ich weiß nicht so recht. Ich finde, dass es total wichtig ist, mit welcher Einstellung man etwas geschenkt bekommt. Ich freue mich oft viel mehr darüber, wenn mir jemand zuhört oder einfach Zeit für mich hat, als wenn ich ein riesiges Geschenk bekomme.

D: Da geht es mir genauso! Wenn sich jemand echt für mich interessiert und sich Gedanken um mich macht, das ist für mich das beste Geschenk überhaupt. Meine Oma zum Beispiel, die ruft mich ganz oft an und fragt einfach, wie es mir geht. Sie hört zu, wenn ich erzähle, was ich mache oder über was ich mich ärgere und so. Das ist für mich manchmal ein Geschenk.

D: Kriegst du sonst nichts von deiner Oma geschenkt?

C: Schon, das freut mich auch, aber dass sie sich so für mich interessiert, das ist mir inzwischen wichtiger.

D: Ja, wenn man jemanden hat, mit dem man richtig reden kann, gerade wenn es mal Ärger oder Probleme gibt, das ist toll. Dafür kann ich schon auf ein paar CDs oder so verzichten.

C: Komm, wir beide erkundigen uns mal bei Maria und Josef, wie die das sehen mit den Geschenken! Kommt doch mal zu uns herüber!

(Maria und Josef kommen zu C und D.)

D: Eigentlich habt ihr eurem Jesus doch das Richtige geschenkt, oder?

Josef: Wir haben Jesus unser Herz geschenkt. Wir haben ihn bei uns aufgenommen und ihm versprochen, dass wir immer für ihn da sein werden.

C: Hat denn das kleine Baby das schon verstanden?

Maria: Ich glaube schon. Er ist ganz zufrieden in meinen Armen eingeschlafen. Er hat bestimmt gemerkt, dass wir ihn sehr lieb haben.

D: Das ist also doch das richtige Geschenk für andere Menschen: Wenn man sie spüren lässt, dass man sie lieb hat.

Josef: Wir fanden, das ist das Wichtigste, was wir unserem Kind schenken können. Offene Herzen und offene Ohren für alles, was er sagen will, und offene Arme, wenn er Trost braucht. Deshalb gehen wir jetzt auch zurück zu Jesus.

(Maria und Josef gehen zurück. Gemeinsames Lied der Krippendarsteller möglich.)

C: Siehst du, wir hatten doch Recht. Maria und Josef haben Jesus das Richtige geschenkt.

SZENE 7

Personen:
E, F, Könige, einer davon sprechend

Ort:
Bühne

E: Trotzdem bin ich überzeugt, dass die Könige auf dem richtigen Weg waren mit ihren Geschenken.

F: Genau, ich finde es toll, wenn man jemandem so viel wert ist, dass man etwas ganz Besonderes bekommt.

E: Ich habe eine Patenonkel, der schenkt mir zum Beispiel immer ganz wertvolle Dinge. Die sind natürlich nicht aus Gold oder so, aber es sind einfach Sachen, die ich mir nicht kaufen kann oder soll, weil es Wichtigeres und Nützlicheres gibt. Und trotzdem sind solche unvernünftigen Sachen manchmal mein allergrößter Wunsch. Dafür kann ich dann auch auf andere Dinge verzichten.

F: Das ist bei mir auch so. Sicher, ich brauche manche Sachen notwendiger als zum Beispiel ganz genau diese Turnschuhe. Es gibt sicher auch welche, die nicht so teuer sind. Aber wie ich die von meine Eltern gekriegt habe, da habe ich mich total gefreut. Sie haben mir damit gezeigt, dass ich etwas ganz Besonderes für sie bin.

E: So wertvoll, dass sie dir sogar einen unvernünftigen Wunsch erfüllt haben! Lass uns die Könige fragen, ob sie sich nicht auch so etwas überlegt haben.

(Könige kommen auf die Bühne.)

König: Ihr habt natürlich Recht! Wir wollten Jesus nicht einfach irgendetwas schenken. Es sollte etwas ganz Besonderes sein. Wir wollten ihm und seiner Familie zeigen, dass der neue König, der Sohn von Gott, auch für uns etwas ganz Besonderes ist.

F: Und dann habt ihr mit den wertvollen Geschenken genau das Richtige gefunden!

König: Wir hatten schon das Gefühl, dass sie sich sehr gefreut haben. Maria und Josef haben gesagt, wie schön es ist, dass wir aus fernen Ländern kommen und ihr Kind wie einen König beschenken. Denn wer Jesus wie einen König beschenkt, der wird ihn auch wie einen König behandeln!

E: Siehst du, wir hatten doch Recht. Das Besondere und Wertvolle kann manchmal genau das richtige Geschenk sein.

SZENE 8

Personen:
G, H, Engel, drei davon sprechend

Ort:
Bühne

G: Also, ich weiß nicht so recht. Das, was die anderen alle von den richtigen Geschenke erzählt haben, das ist doch bisher sehr menschlich.

H: Ich finde auch, dass das richtige Geschenk für Jesus etwas von Gott war. Irgendwie muss doch auch bei den Geschenken deutlich werden, dass Jesus Gottes Sohn ist.

G: Sag mal, meinst du, wir Menschen können auch Geschenke von Gott bekommen?

H: Ich denke schon. Wir merken es vielleicht oft nicht, aber manchmal habe ich so ein Gefühl, als wäre Gott gerade jetzt in meinem Leben da und begleitet mich.

G: Lass uns doch mit den Engel darüber sprechen!

(Sie holen die Engel zu sich.)

H: Ihr habt dem kleinen Jesus ja ganz andere Dinge geschenkt als die Menschen, die ihn in Bethlehem besucht haben. Aber ihr seid ja auch besondere Gestalten.

Engel 1: Wir Engel sind Boten von Gott. Wir bringen Nachrichten von Gott zu euch Menschen. Und deshalb war es wichtig, dass wir in der heiligen Nacht zu den Hirten, zu Maria und Josef und zu den Königen gesprochen haben.

Engel 2: Wir haben erzählt, dass jetzt mit Gott und den Menschen eine neue Zeit beginnen wird. Eine Zeit, in der Gott den Menschen so nahe sein möchte, dass er selbst als Mensch auf die Erde kommt.

G: Dann habt ihr also gar nicht Jesus beschenkt, sondern die anderen Menschen?

Engel 3: O doch! Wir haben auch für den kleinen Menschen Jesus die Botschaft gebracht. Und wir haben gesungen für Jesus, um ihn zu verehren. Ihr hättet mal sehen sollen, wie er uns angelächelt hat!

Engel 1: Das Geschenk, das wir mitgebracht haben, heißt: Friede soll auf Erden sein! Gott möchte das so, weil er die Menschen liebt.

Engel 2: Das ist so wichtig, dass man es nicht oft genug sagen kann. Mindestens jedes Jahr an Weihnachten. Aber dieses Geschenk ist so groß, dass der Friede auf Erden nicht nur in Bethlehem sein sollte.

Engel 3: Der Friede auf Erden soll für alle Menschen reichen. Auch für euch!

H: Dann können wir also auch noch Geschenke direkt von Gott bekommen?

Engel 3: Ja, seit Jesus auf der Welt war, ist immer ein Teil von Gott ganz nahe bei euch. Zuerst haben wir Jesus beschenkt mit unserer Botschaft und unserer Musik. Aber seit Weihnachten gibt es unsere Botschaft und unsere Musik auch für euch. Hört einfach mal zu.

(Flötenstück der Engel.)

SZENE 9

Personen:
SprecherIn 2,
Josef

Ort:
Lesepult,
Altarraum

SprecherIn 2: Von wegen, Geschenke sind nicht so wichtig! Geschenke haben damals in Bethlehem eine große Rolle gespielt, wenn ich das richtig verstanden habe!
Alle haben sich etwas gedacht bei den unterschiedlichen Geschenken, die sie für Jesus ausgewählt haben. Was nun das richtige Geschenk für Jesus war? Ich werde noch mal nachfragen, am besten bei den Eltern des kleine Jesus.

(SprecherIn 2 geht zum Stall.)

Josef, sag mal, was war denn damals nun das wichtigste Geschenk für Jesus? Das richtige, das, was für ihn das Wichtigste wurde?

Josef: Ich glaube, alle Geschenke waren auf ihre Weise genau richtig. Jesus brauchte sie alle, vielleicht zu unterschiedlichen Zeiten, aber alles, was er in dieser Nacht bekommen hat, war für sein Leben wichtig.

SZENE 10

Personen:
A, B, C, D, E, F, G, H

Ort:
Bühne

A: Wenn ich das jetzt richtig verstanden habe, dann kann man gar nicht sagen, dass irgendein Geschenk besser war als das andere.

B: Jeder hat das geschenkt, was ihm im Augenblick am wichtigsten erschienen ist. Und alle haben das Richtige getroffen.

C: Und erst zusammen haben die unterschiedlichen Geschenke ein großes Geschenk für Jesus ausgemacht, von dem er sein ganzes Leben etwas gehabt hat.

D: Vielleicht ist es auch bei uns so. Wir bekommen mal etwas Nützliches, mal etwas Wertvolles, mal viel Zeit und offene Ohren und mal Momente, in denen wir spüren, dass Gott uns ganz nahe ist.

E: Und auch in unserem Leben ergibt das sozusagen ein großes Geschenk, mit dem wir unser Leben gut gestalten können.

F: Dann ist es ja gut, dass uns unterschiedliche Menschen unterschiedlich beschenken. So bekommen wir alles, was wir brauchen.

G: In manchen Zeiten ist sicher eines wichtiger als das andere. Manchmal freue ich mich über etwas ganz Praktisches mehr, manchmal über Menschen, die mir erzählen von der Nähe Gottes.

H: Und auch wir können dann anderen Unterschiedliches schenken. Vielleicht etwas Wertvolles, vielleicht einfach Zeit. So bekommen alle im Laufe ihres Lebens ein großes, richtiges Geschenk, das für das ganze Leben reicht. Geschenke sind schon wichtig an Weihnachten.

SZENE 11

Personen:
SprecherIn 1

Ort:
Lesepult

SprecherIn 1: Geschenke, die wir uns machen, sind wichtig an Weihnachten. Jesus hat seine verschiedenen Geschenke nicht für sich behalten. Er hat sie weitergegeben. Er hat gezeigt, wie wichtig es ist, offene Ohren und Herzen zu bekommen, indem er anderen Menschen zugehört hat oder sie berührt hat.

Er hat gezeigt, wie wichtig es ist, genug zum Essen zu haben, als er Tausenden zu Essen gab. Er hat gezeigt, wie wichtig es sein kann, etwas Besonderes zu bekommen, als er es sich gefallen ließ, mit wertvollen Ölen gesalbt zu werden.

Er hat gezeigt, wie wichtig die Nähe Gottes ist, als er uns lehrte, mit Gott wie mit einem Vater zu sprechen.

Nur wer Geschenke bekommt und annehmen kann, egal wie groß, klein, billig, teuer, ausgefallen oder ungewöhnlich sie sind, kann auch Geschenke weitergeben, damit alle von allem etwas bekommen.

Weihnachten erinnert uns jedes Jahr daran. Gott hat uns reichlich beschenkt. Es ist in Ordnung, wenn wir uns auch beschenken. Weihnachten heißt aber auch, daran erinnert zu werden, welch unterschiedliche Arten von Geschenken es gibt. Gott hat uns mit Jesus alles zusammen geschenkt und erinnert an jedem Weihnachen daran, auch alles weiterzuschenken, jeder das, was er kann und richtig findet.

(Trompete: „Joy to the world")

Wie es weitergehen kann

Dieses Stück versucht, dem Schenken auf verschiedenen Ebenen einen positiven Sinn zuzusprechen. Darum sollte dieser Aspekt auch in einer Weiterführung aufgenommen werden. Die jeweils persönliche Lebenssituation wird bestimmen, welches Geschenk im Augenblick passend ist. Weihnachten hilft, sich wieder an alle Aspekte und Hintergründe zu erinnern und so Schenken und Beschenktwerden wieder als Ganzheit zu erfassen.
Wird so viel über das Thema Schenken gesprochen, ist es natürlich schön, wenn jeder auch ein kleines Geschenk mit heim nehmen kann. Bietet man eine kleine Auswahl an, die die erwähnten Aspekte des Schenkens verdeutlicht (z. B. etwas Süßes, Herzchen aus Holz, ein Geborgenheit symbolisierendes Bild, Glassteine), kann jeder mitnehmen, was ihn besonders anspricht.

Möglichkeiten und Hilfen

Sprecher
Die acht Sprechrollen A–H können von zwei Sprechern übernommen werden, die dann mit den Krippenpersonen sprechen.

Kinder aus Krabbelgruppen
Für die Kleinen kann das Spiel sehr lange werden. Eine im Anschluss an das Stück geplante Aktion, etwa das Verteilen kleiner symbolischer Geschenke, kann man vorziehen (vor Szene 4). Dabei sollte man etwas finden, das den Kleinen gefällt und sie eine Weile fasziniert.

Spieler für die Bethlehemszene
Stehen zu wenig Schauspieler zur Verfügung, kann eine Gruppe aus der Darstellung herausgenommen werden, am ehesten die Könige. So könnte Szene 7 fortgesetzt werden:

E: So wertvoll, dass sie dir sogar einen unvernünftigen Wunsch erfüllt haben. Ich glaube, dass sich die Könige genau so etwas überlegt haben.

F: Bestimmt! Sie wollten Jesus nicht irgendetwas schenken. Sie wollten ihm und seiner Familie zeigen, dass sie den neuen König, den Sohn Gottes, für etwas ganz Besonderes halten.

E: Das haben sie ja dann auch mit ihren wertvollen Geschenken gemacht. Aber ob sich Maria und Josef da auch so richtig freuen konnten?

F: Ich glaube schon. Die fanden es bestimmt toll, dass jemand aus fremden Ländern kam und ihr kleines Baby wie einen richtigen König beschenkt hat. Wer Jesus wie einen König beschenkt, der wird ihn bestimmt auch wie einen König behandeln.

E: Dann hatten wir ja doch Recht. Das Besondere und Wertvolle kann manchmal genau das richtige Geschenk sein.

Musik und Tanz

Die beiden Stücke, die auf der Trompete gespielt werden, können durch Gemeindelieder ersetzt werden: „Vom Himmel hoch, da komm ich her", EG 24 (Szene 4), und „Freu dich, Erd' und Sternenzelt", EG 47 (Ende des Stücks).

Das Flötenstück in Szene 8 kann ersetzt werden durch „Hört der Engel helle Lieder", EG 54. Auch statt des Tanzes in Szene 5 kann gesungen werden, z.B. „Kommet, ihr Hirten", EG 48.

Das richtige, echte, allererste und schönste Weihnachtsfest

(Tim macht sich auf den Weg nach Bethlehem, um das richtige Weihnachten zu erleben. Einige Menschen schließen sich ihm an, denn ihre Weihnachtszeit erscheint ihnen eingeschränkt. In Bethlehem erfahren sie, was Weihnachten ist.)

Angaben zum Stück

Mitwirkende Personen:

sprechend und darstellend (größere Textanteile)

- Tim
- junger Mann (jM)
- Mutter (M)
- Mädchen (Md)
- alter Mann (aM)

sprechend und darstellend (kleinere Textanteile)

- Kind (K)
- Maria
- Josef
- Engel

darstellend

- Hirten
- weitere Engel

Kostüme: siehe Anhang

Requisiten / Material: keine

Aufführungsdauer: etwa 25 Minuten

Szene	Personen/ Ort	Inhalt/ Grundaussagen	Darstellungsformen
1	Tim Bühne	Es ist Weihnachtszeit und alle feiern mit vertrauten Ritualen. In Bethlehem lässt sich das richtige Weihnachten erleben.	• Rede
2	Tim, junger Mann Ort A im Kirchenraum	Weihnachten bedeutet Nachdenken, wie Weihnachten für andere schön werden kann. Ich gehe mit, um das richtige Weihnachten zu erleben.	• darstellendes Spiel
3	Tim, junger Mann, Mutter, Kind Ort B im Kirchenraum	Die Weihnachtszeit ist geprägt von vielen praktischen Vorbereitungen.	s. Szene 2
4	Tim, Mädchen, junger Mann, Mutter, Kind Ort C im Kirchenraum	Viele sind in der Weihnachtszeit ständig unterwegs für soziale Aktivitäten.	s. Szene 2
5	Tim, alter Mann, junger Mann, Mutter, Kind, Mädchen Ort D im Kirchenraum	Die Weihnachtszeit kann viele Besuche bei Weihnachtsveranstaltungen bedeuten, bei denen man nur Zuschauer ist.	s. Szene 2
6	Tim, Maria, Josef, alle Weggefährten und Krippendarsteller Altarraum	Ankunft in Bethlehem	• darstellendes Spiel • Musik
7	alter Mann, Josef, alle weiteren Personen der Szene 6 Altarraum	Weihnachten bedeutet zuzuschauen, wie Gott in die Welt kommt.	• Gespräch • darstellendes Spiel
8	Mädchen, Engel, alle weiteren Personen der Szene 6 Altarraum	Weihnachten bedeutet, unterwegs zu sein für andere.	s. Szene 7
9	Hirte, Mutter, Kind, alle weiteren Personen der Szene 6 Altarraum	Weihnachten bedeutet, etwas für andere Menschen zu tun.	s. Szene 7
10	junger Mann, Maria, alle weiteren Personen der Szene 6 Altarraum	Weihnachten bedeutet zu überlegen, was benötigt wird, damit Leben für alle schön ist und Gott zu uns kommen kann.	s. Szene 7
11	Tim, Maria, alle weiteren Personen der Szene 6 Altarraum	Unser heutiges Weihnachten ist ein richtiges, echtes, erstes und schönstes Weihnachtsfest.	s. Szene 7

SZENE 1

Personen:
Tim

Ort:
Bühne

Tim: Es ist wieder Winter. Es ist Adventszeit. Jetzt zünden alle Menschen Kerzen an und singen Weihnachtslieder. Es duftet nach Tannengrün und Zimtplätzchen. Die Menschen kaufen Geschenke und erzählen von Jesus und seiner Geburt im Stall von Bethlehem. Am 24. Dezember feiern sie in ihren Wohnungen Weihnachten. Aber *ich* will in diesem Jahr ein richtiges, ein echtes Weihnachtsfest! Ich gehe nach Bethlehem. Ich will wissen, wie das allererste Weihnachten gewesen ist. Ich will das allerschönste Weihnachtsfest feiern!

(Tim macht sich auf den Weg durch den Kirchenraum.)

SZENE 2

Personen:
Tim, junger Mann (jM)

Ort:
Ort A, irgendwo im Kirchenraum

(Junger Mann begegnet Tim auf seinem Weg.)

Tim: Kommst du mit mir nach Bethlehem? Ich will das *richtige* Weihnachten finden!

jM *(nachdenklich)*: Das richtige Weihnachten? Ich weiß gar nicht, ob ich das finden kann. Weißt du, ich bin Lehrer. Da muss ich in der Weihnachtszeit immer lauter gute Ideen haben: Ein schönes Krippenspiel für meine Klasse soll ich mir ausdenken! Das muss ich dann mit den Kindern üben. Außerdem basteln und singen wir natürlich in der Schule. Und dann muss ich mir auch noch Gedanken machen, was ich meinen eigenen Kindern zu Hause schenke, wo der Weihnachtsbaum stehen soll und was wir in den Ferien unternehmen. Schließlich sollen es doch schöne Festtage werden.

(Die beiden gehen schweigend ein kleines Stückchen weiter.)

jM: Ich glaube, du hast Recht. Das richtige Weihnachten in Bethlehem, das wäre was für mich. Ich komme mit!

(Beide gehen weiter durch den Kirchenraum.)

SZENE 3

Personen:
Tim, jM, Mutter (M), Kind (K)

Ort:
Ort B, irgendwo im Kirchenraum

jM: Schau, Tim, wir sind in einer großen Stadt angekommen. Da bereiten sich viele Menschen auf Weihnachten vor.

(Mutter und Kind begegnen ihnen.)

K: Wo geht ihr beiden denn hin?
Tim: Wir, wir gehen nach Bethlehem, zum *echten* Weihnachtsfest!
K: Ich will mit, Mama!
M: Ob es das überhaupt noch gibt, das echte Weihnachten? Ich muss mir in dieser Zeit immer so schrecklich viele Gedanken machen. Was

ich anderen Menschen schenken soll, zum Beispiel. Und dann natürlich die Wohnung schmücken, Plätzchen backen, Sterne basteln, Geschenke einpacken und ...

K *(ruft dazwischen)*: Ich bastle für die Oma eine Kerze und male ein Bild für den Opa und für die Mama ...

M *(überlegt)*: Ob man beim echten Weihnachten auch so viel zu tun hat? Das sollten wir mal fragen. *(Zu K)* Du hast Recht, wir gehen mit!

(Sie gehen zusammen weiter.)

SZENE 4

Personen:
Tim, Mädchen (Md), jM, M, K

Ort:
Ort C, irgendwo im Kirchenraum

(Mädchen kommt von hinten angelaufen und überholt die kleine Gruppe.)

Tim: He, lauf doch nicht so schnell! Du, wir gehen nach Bethlehem, da, wo das *allererste* Weihnachten ist!

Md *(bleibt stehen, kehrt um)*: Das allererste Mal Weihnachten? Das kann ich mir überhaupt nicht vorstellen. Für mich ist die Zeit vor Weihnachten ziemlich anstrengend. Dauernd habe ich Proben und Auftritte. Im Weihnachtsspiel in der Schule bin ich ein Engel und muss sogar auswendig vorsingen! Viermal spielen wir es vor. Und mit der Flötengruppe spielen wir an jedem Wochenende in einem anderen Konzert. Außerdem helfe ich beim Basteln. In unserer Kirchengemeinde verkaufen wir nämlich Bastelsachen und das Geld bekommen dann Menschen, denen es nicht so gut geht. Und jetzt gehe ich zum Turnen. Ich muss mich beeilen, denn dort kommt heute der Nikolaus und ich sage ein Gedicht auf!

Tim: Macht dir das alles eigentlich Spaß?

Md: Ziemlich großen Spaß sogar! Aber das allererste Weihnachten, das muss doch etwas ganz Besonderes sein. Ich möchte gerne mit euch mitgehen.

(Sie gehen zusammen weiter.)

SZENE 5

Personen:
Tim, alter Mann (aM), jM, M, K, Md

Tim: Ich glaube, wir machen mal etwas Pause. Schließlich sind wir schon lange unterwegs.

(Sie setzen sich und ruhen etwas aus. Ein alter Mann setzt sich zu ihnen.)

aM: Wohin geht ihr?

Ort:
Ort D, irgendwo im Kirchenraum (möglichst nicht mit Blick auf den Altarraum)

Tim: Wir sind unterwegs nach Bethlehem. Wir gehen zum *schönsten* Weihnachtsfest. Möchtest du nicht mitkommen?

aM: Ach, ob das etwas für mich ist? Schon seit vielen Jahren gehe ich in der Weihnachtszeit von einer Feier zur anderen. Fast jeden Tag bin ich woanders. Für uns alte Menschen wird so viel gemacht. Gute Menschen laden uns zu Kaffee und Plätzchen, zu Glühwein und Lebkuchen ein. Meist gibt es Musik oder Kinder singen und spielen etwas vor. Manchmal gibt es sogar Geschenke. Ich mag diese Zeit sehr gerne. Aber das schönste Weihnachtsfest? Ich bin doch sozusagen immer nur ein Zuschauer.

Tim: Jetzt ist unser Weg nicht mehr weit. Komm doch mit!

(Sie gehen zusammen weiter. Während dieser Szene haben im Altarraum die Krippendarsteller Platz genommen, vielleicht Kerzen angezündet o. Ä.)

SZENE 6

Personen:
Tim, Maria, Josef, jM, M, K, Md, aM, Engel, Hirten

Ort:
Altarraum

(Tim und seine Weggefährten wandern auf den Stall zu.)

Tim: Ich glaube, jetzt sind wir da. Da vorne müsste es sein. Ich bin ja schon so gespannt.

Maria *(erwartet sie am Eingang)*: Kommt herein und sucht euch euren Platz! Schön, dass ihr da seid. Und schön, dass es wieder Weihnachten geworden ist!

Tim: Endlich sind wir da! Wir sind angekommen beim richtigen, echten, allerersten und schönsten Weihnachtsfest! Das ist doch toll – und bestimmt ganz anders als alle Weihnachten, die wir bisher erlebt haben!

Josef: Wie meint ihr das?

(Alle suchen sich einen Platz, dazu leise Musik.)

SZENE 7

Personen:
alle Personen der Szene 6

Ort:
Altarraum

aM: Ich versuche das mal zu erklären: Ich, zum Beispiel, ich wollte das *schönste* Weihnachtsfest einmal miterleben. Ich kenne so viele Weihnachtsfeiern. Aber da gehe ich immer nur hin und schaue zu. Das kann dann doch gar kein richtiges Weihnachten sein, wenn ich nur zuschaue und mir etwas schenken lasse, oder?

Josef: Ja, schau dir doch die Tiere hier im Stall an, die Schafe, den Esel, den Ochsen. Die sind auch nur Zuschauer und trotzdem sind sie ganz nahe bei Jesus. Das schönste Weihnachtsfest, das ist, wenn man ganz nahe bei Jesus sein kann und wenn man zuschauen kann, wie er etwas Licht in unsere Welt bringt.

SZENE 8

Personen:
alle Personen der Szene 6

Ort:
Altarraum

Md: Ach, ist das schön bei euch. Ich bin mit Tim mitgegangen, weil ich einfach wissen wollte, wie das *allererste* Weihnachten ist. Ich bin doch in der Adventszeit immer unterwegs. Ich spiele Krippenspiele und singe, spiele Flöte und bastle. Da kann ich ja schließlich gar nicht wissen, wie das allererste Weihnachtsfest hier in Bethlehem so ist!

Engel: Aber, das *ist* das erste Weihnachten! Schau uns Engel an, wir sind immer unterwegs zwischen Himmel und Erde. Wir singen und spielen für die Menschen und bringen wichtige Botschaften. Wenn man für andere unterwegs ist, das ist das allererste Weihnachten.

SZENE 9

Personen:
alle Personen der Szene 6

Ort:
Altarraum

M: Wir beide sind jetzt ganz schön müde. Für ... (Name des Kindes) war es sehr weit zu laufen. Aber wir wollten so gerne einmal das *echte* Weihnachten erleben. Wir basteln und backen und kochen so viel in der Adventszeit. Ich denke mir oft: Das kann doch nicht das echte Weihnachten sein!

Hirte: Schau doch uns Hirten an! Bevor wir zu Jesus nach Bethlehem gekommen sind, da haben wir doch auch gebacken und gekocht und genäht und Sachen zusammengesucht, die wir dem Jesuskind mitbringen können. Etwas für andere Menschen machen, das ist das echte Weihnachten!

K: Ist ein Bild zu malen dann auch echtes Weihnachten?

Hirte: Natürlich ist das auch echtes Weihnachten, wenn du für den Opa ein Bild malst.

SZENE 10

Personen:
alle Personen der Szene 6

Ort:
Altarraum

jM: Aber ich, ich habe jetzt endlich mal ein *richtiges* Weihnachtsfest! Sonst muss ich immer an andere denken, an die Schulkinder, an meine Kinder und die Verwandten. Ich muss immer nachdenken, was man braucht und was man machen kann, dass es für alle schön wird. Das ist schließlich etwas ganz anderes als das richtige Weihnachten hier.

Maria: Was meinst du denn! Josef und ich mussten auch viel nachdenken, wie das alles werden soll auf der weiten Reise mit uns und unserem Baby. Wir haben lange und viel nachgedacht, wie es für uns alle schön werden kann. Wenn wir überlegen, was wir brauchen, damit es schön für alle wird und Gott zu uns kommen kann, das ist das richtige Weihnachten!

SZENE 11

Personen:
alle Personen der Szene 6

Ort:
Altarraum

(Tim sieht sich im Stall um, wo die Darsteller der Krippenszene und seine Weggefährten zusammensitzen.)

Tim: Wenn ich euch gut zugehört habe, dann meint ihr also ... dann ist ... dann ist ja unser Weihnachten zu Hause das richtige, echte, allererste und schönste Weihnachtsfest!

(Die Krippenpersonen nicken zustimmend.)

Tim: Dann muss man gar nicht nach Bethlehem laufen! Dann ist Weihnachten ja immer bei uns zu Hause!

Maria: Genauso ist es, Tim. Weihnachten ist einfach da. Man muss nicht weit laufen, um es zu finden. Jedes Weihnachten ist richtig. Man muss Jesus nur in sein Herz lassen.

Wie es weitergehen kann

Dieses Stück wirft die Frage auf, ob unser Umgang mit Weihnachten nicht sehr weit von der eigentlichen Bedeutung wegführt. Sicher können in einer Weiterführung auch Dinge benannt werden, die viele Menschen in der Weihnachtszeit als störend oder belastend empfinden. Der Schwerpunkt sollte aber darauf liegen, dass unsere jeweils besonderen Formen, die Weihnachtszeit zu gestalten, auch Bestandteil des ersten Weihnachtsfestes waren. Denkbar ist ein Austausch darüber (Gesprächsgruppen, aufschreiben, malen) oder Menschen unterschiedlichen Alters und unterschiedlicher Herkunft geben Statements dazu ab.
Denkbar ist es auch, an die Traditionen erst nach den Weihnachtsfeiertagen anzuknüpfen, sei es im Gottesdienst oder in einer Gesprächsrunde, um die positive Verstärkung, „richtig“ Weihnachten gefeiert zu haben, mit in das nächste Jahr zu nehmen.

Möglichkeiten und Hilfen

Mitwirkungsmöglichkeit
Wenn es räumlich möglich ist, können nach und nach alle Kinder in der Kirche auf dem Weg mitgehen und sich an der Krippe versammeln.

Aufführungsort
Das Stück kann im Rahmen einer Waldweihnacht oder einer Winterwanderung aufgeführt werden. Am Ende ist ein großer, warmer Raum als Stall von Bethlehem sehr schön, der mit Maria, Josef, Hirten und Engeln die Wanderer empfängt.

Musik
Möchte eine Gruppe musizieren, bietet sich das am Ende von Szene 4 an; hier kann leicht auf eine solche Aktivität hingewiesen werden. Tim, der junge Mann und das Mädchen hören sich die Musik an, bevor sie weiterziehen. Ebenfalls möglich ist Musik in Szene 6, während alle ihren Platz im Stall suchen.

Die Menschen verändern sich doch sowieso nicht!

(Hat Weihnachten etwas mit unserem alltäglichen Leben zu tun? Hat die Weihnachtsbotschaft überhaupt Platz? Doch auch allerkleinste Schritte können Weihnachten sein.)

Angaben zum Stück

Mitwirkende Personen:

sprechend (große Textanteile)
- SprecherIn (auslegende und reflektierende Texte)
- 10 SprecherInnen A, B, C, D, E, F, G, H, I, K

darstellend
- Maria
- Josef
- Engel
- Hirten
- 3 oder mehr Könige

Kostüme: siehe Anhang

Requisiten / Material:
- Schaffell
- kleiner Engel (Figur) oder ein Engelkleid
- Puppe oder das Kleid der Maria
- Schälchen mit Weihrauch

Aufführungsdauer: 15–18 Minuten

Szene	Personen / Ort	Inhalt / Grundaussagen	Darstellungsformen
1	SprecherIn Lesepult	Die Weihnachtsstimmung erfasst alle Menschen und verändert sie.	• Rede
2	A, C, F, I Bühne	Die Darstellung der Krippenszene zeigt, wie sich die Weihnachtsbotschaft mit unserem Leben verknüpft.	• Gespräch • Symbole
3	SprecherIn, Darsteller der Krippenszene Lesepult, Kirchenraum, Altarraum	Weihnachten hat auch etwas mit unserem Leben zu tun.	• Rede • darstellendes Spiel • Musik
4	A, B Bühne	Wie ein Hirte handeln und da helfen, wo es nötig ist.	• Gespräch
5	C, D, E Bühne	Wie die Engel versuchen, gute Botschaften zu bringen.	• Gespräch • darstellendes Spiel
6	F, G, H Bühne	Mutig wie Maria den Glauben bekennen.	• Gespräch
7	I, K Bühne	Neue Wege probieren.	• Gespräch
8	A, B, C, D, E, F, G, H, I, K Bühne	Hat Weihnachten doch nichts mit unserem normalen Leben zu tun?	• Gespräch
9	SprecherIn Lesepult	Auch kleinste Schritte in unserem Alltag bedeuten Weihnachten.	• Rede
10	Darsteller der Krippenszene, alle SprecherInnen A bis K Altarraum, Kirchenraum	Weihnachten und unser Leben lassen sich doch verknüpfen.	• darstellendes Spiel • Musik

SZENE 1

Personen:
SprecherIn

Ort:
Lesepult

SprecherIn: An Weihnachten ist immer eine so eigenartige Stimmung. Irgendwie spüren wir alle, dass Weihnachten unser Leben verändern kann. Auch wenn wir unter dem Jahr nicht an Jesus denken, vielleicht auch nicht viel von der Kirche halten: An Weihnachten zieht es uns zu der Krippe, zu dieser eigenartigen, schönen und festlichen Stimmung in einem Weihnachtsgottesdienst. Und das geht zu Hause weiter: brennende Kerzen am Tannenbaum, vielleicht Weihnachtslieder, Geschenke – das ist auch nur einmal im Jahr so. Da können wir plötzlich anders miteinander umgehen, freundlicher, offener. Der Zauber der Weihnachtstage hält Einzug in unsere Wohnungen und in unsere Herzen.

SZENE 2

Personen:
A, C, F, I

Ort:
Bühne

(A, C, F, I halten jeweils ein Symbol für die beschriebene Rolle in der Hand.)

A *(mit Schaffell)*: Vor einigen Jahren war ich in einem Weihnachtsspiel einer der Hirten. Das war schön. Wenn der Engel die Weihnachtsbotschaft verkündet, dann ist es egal, ob man in Bethlehem oder in … *(Ort)* ist. „… Fürchtet euch nicht … und Friede für alle Menschen auf Erden" – das ist für mich und euch alle eine wichtige Botschaft.

C *(mit kleinem Engel)*: Und überhaupt – die Engel. Sie kommen ja nicht nur an Weihnachten zu den Menschen. Oft schickt Gott durch andere Menschen eine Botschaft zu uns. Deshalb weiß ich: Ein Engel kann jederzeit auch mir begegnen – und auch ich kann als Engel anderen Menschen gute Botschaft bringen.

F *(mit Kleid der Maria oder einer Puppe)*: Ich habe oft die Maria dargestellt. Sie war ja eine besondere Frau. Natürlich habe ich beim Weihnachtsspiel nur eine Puppe im Arm gehalten. Aber trotzdem hatte ich da das Gefühl, dass Jesus vielleicht wirklich zu mir kommen will. Irgendwie war mir an Weihnachten immer klar: Jesus hat auch mit meinem Leben etwas zu tun.

I *(mit Schälchen mit Weihrauch)*: In der Weihnachtsgeschichte geht ja auch nicht alles seinen gewohnten Gang. Da treten plötzlich Leute auf den Plan, die vorher nichts mit Gott zu tun hatten: Drei weise Männer aus fernen Ländern haben den Weg zu Jesus und damit zu Gott gefunden. So sagt uns Weihnachten auch, dass Gott in unserem Leben neue Wege richtig finden kann und dass Gott nicht nur denen gehört, die sich schon immer um ihn gekümmert haben. Gottes Zuspruch gilt allen Menschen.

SZENE 3

Personen:
SprecherIn, Darsteller der Krippenszene

Ort:
Lesepult, Kirchenraum, Altarraum

SprecherIn: Wir erfahren, dass die Weihnachtsbotschaft auch heute und hier gilt. Wir spüren, vielleicht auch nur ein bisschen, dass das Leuchten der Weihnachtsnacht in unsere Herzen hinein wirkt. Deshalb sollt ihr, die ihr in diesem Jahr die Menschen in unserer Krippe spielen dürft, jetzt Platz nehmen im Stall, an der Krippe bei Jesus.

(Die Darsteller ziehen von hinten in die Kirche ein und nehmen um die bereits aufgestellte Krippe Platz. Dazu festliche Musik, z. B. J. S. Bach: Schlusschor des Weihnachtsoratoriums, BWV 248, Kantate VI, in einer Instrumentaleinspielung oder J. Clark: Prince of Denmark's March; weitere Musikvorschläge im Anhang.)

SZENE 4

Personen:
A, B

Ort:
Bühne

A: So als Hirte im Weihnachtsspiel, da habe ich mir ja schon Gedanken gemacht, ob es nicht auch für mich eine Aufgabe wäre, wie die Hirten einfach dahin zu gehen, wo Hilfe nötig ist.

B: Wo kannst du denn als Schüler so wie die Hirten helfen?

A: Ich habe damals gedacht: Ich kann ja auch etwas von dem abgeben, was ich habe; zum Beispiel jemandem in der Schule etwas erklären, das ich besser kann. Oder mal jemanden einladen, den ich sonst nicht so mag.

B: Hast du das gemacht? Ich meine, wenn du dir das an Weihnachten so fest vorgenommen hast?

A: Na ja, probiert habe ich es schon. Gleich in den Ferien habe ich mal einen aus meiner Klasse eingeladen, den sonst keiner so recht mag.

B: Ja, und seid ihr dann Freunde geworden? Das ist ja echt toll! Wie hast du vorhin gesagt: Friede auf Erden wurde den Hirten verkündet – dann hat diese Botschaft ja wirklich in deinem Leben einen Platz gefunden.

A: So toll war es nicht. Irgendwie war es ein total langweiliger Nachmittag. Ich hab' mich schon gefragt, ob das eine so gute Idee war.

B: Wie ist es weitergegangen mit euch?

A: Ich habe mich halt an Weihnachten erinnert und mir fest vorgenommen, ihn weiter mal einzuladen. Dann hab' ich es vergessen und so ... und na ja, das war's dann.

B: Also ist es wohl doch so: Weihnachten ist auf ein paar Tage im Winter beschränkt und unser normales Leben geht dann wie vorher weiter.

SZENE 5

Personen:
C, D, E

Ort:
Bühne

C: Ich hatte mir am letzten Weihnachtsfest vorgenommen, wie die Engel öfter mal eine gute Botschaft zu anderen Menschen zu bringen. Also einfach mal was Nettes sagen, oder nicht so pampig zu sein. Aber seht selbst, was dann passiert ist ...

D: Stell dir mal vor, was Thomas, dieser Vollidiot, gestern wieder gemacht hat: Schmeißt mir Schnee in den Kragen, tritt mir volle Kanne ans Schienbein und lacht dann noch wie blöd.

E: Dem gehört mal ordentlich eins auf die Mütze. Echt, wie der sich immer aufführt! Als wäre er wer weiß was.

C: Na ja, vielleicht hat er es nicht so gemeint – oder er hat sich vorher geärgert ...

E: Du redest ja vielleicht einen Schrott! Der ist doch immer so, dem geht's nur gut, wenn er anderen etwas antun kann!

C: Aber überlegt doch mal, vielleicht hat das ja auch einen Grund, dass er so ist. Er ist doch im letzten Jahr so oft umgezogen und da ...

D: Das ist mir, ehrlich gesagt, egal. Wenn er Probleme hat, soll er sie lösen. Aber mich soll er in Ruhe lassen. Ich bin doch nicht sein Fußabtreter.

C: Aber trotzdem ...

D: Oh, Mann, wie bist du denn drauf. Bist du jetzt zuständig für alle Probleme der Welt oder wie?

E: Mensch, wir drei konnten doch immer so toll über andere lästern und Spaß haben. Was ist bloß los mit dir?

C: So war das also, als ich versucht habe, Nettes über andere Leute zu sagen. Ich habe mir dann zwar noch oft Gedanken gemacht, aber es dann sein gelassen. Meistens hatten die beiden anderen ja auch recht: Es ist nicht okay, seine Probleme an anderen auszulassen. Gute Botschaften sollten vielleicht doch nur die richtigen Engel verbreiten.

SZENE 6

Personen:
F, G, H

Ort:
Bühne

F: Ja, als Maria in einem Krippenspiel – das ist schon eine tolle Rolle.

G: Die Maria war ja auch sehr mutig. Ich meine, so einfach hatte die es ja nicht. Die war noch so jung und dass Jesus Gottes Sohn ist, das hat ihr ja sowieso keiner geglaubt.

H: Aber sie hat Gott vertraut und einfach gesagt: So ist es.

F: Mir ist klar geworden, dass Maria sehr mutig war. Sie hat sich zu Gott bekannt, obwohl das ziemlich schwierig für sie war und ihr auch viele Nachteile gebracht hat. Josef wollte sie zuerst verlassen und ihre Familie hat sich für sie geschämt und wollte mit ihr nichts mehr zu tun haben. Und dann musste sie auch noch diese weite Reise machen. Ich habe mir damals vorgenommen, Jesus wirklich auch in mein Leben hineinzulassen und immer zu meinem Glauben zu stehen. Ich habe mir gedacht, für Maria war es viel schwerer als für mich.

G: Wie meinst du das, zu Jesus stehen?

F: Ich wollte auch in der Schule und zu Hause und bei Freundinnen nicht so tun, als ob Jesus nur in die Kirche gehört.

H: Das klingt aber ziemlich schwer. Ich weiß noch, wie ich mich in der Schule mal gemeldet habe, als die Klassenlehrerin fragte, wer ein Gebet vorlesen möchte. Die anderen haben so blöd gegrinst und einer hat in der Pause dann gesagt: „Ach, da kommt ja wieder unsere Fromme."

G: Mir war das auch mal ziemlich peinlich, als mich eine Freundin gefragt hat, ob ich im Ernst an Jesus glaube, weil das doch alles nur ein Märchen wäre. Die hat so dumm gefragt, dass ich mich nicht mehr getraut habe zu erzählen, dass ich schon an Gott glaube und er wichtig ist in meinem Leben.

F: Genau. Mir ist es auch ein paar Mal so ergangen. Wenn ich erzählt habe, dass ich irgendetwas Kirchliches mache, zum Beispiel in so einem Gottesdienst mitmache, bin ich ausgelacht worden. Obwohl ich die Maria bewundere, habe ich wieder aufgehört, öffentlich von Gott zu reden. Inzwischen sage ich so etwas nur noch vor Leuten, die auch so denken. Maria war wohl doch einmalig.

SZENE 7

Personen:
I, K

Ort:
Bühne

I: Also, mir hat das schon immer imponiert mit den heiligen drei Königen. Das waren ja genaugenommen eigentlich Sterndeuter aus Ländern, in denen es noch niemanden gab, der an Gott und Jesus glaubte. Ich finde es sehr gut, wie damit deutlich wurde, dass Gottes Liebe und das, was wir von Jesus lernen können, für alle Menschen gilt. Da habe ich mir vorgenommen, das mit den neuen Wegen zwischen den Menschen und zu Gott einfach mal auszuprobieren und auch da, wo man sonst nicht mit so etwas rechnet.

K: Kannst du uns mal erklären, wie du das meinst?

I: Ich dachte zum Beispiel, wir könnten mal in der Schule alle zusammen eine Schulaufgabe lösen. Jeder eben das, was er kann, und am Ende müssen alle alles haben. Die Besseren müssen den Schlechteren alles erklären und dann wird bewertet, ob diese Zusammenarbeit funktioniert hat. Alle hätten was davon.

K: Das ist ja eine Superidee!

I: Dachte ich auch. Aber mein Mathelehrer fand das gar nicht. Er hat gesagt, das stellt ja alles auf den Kopf und so etwas hätte es noch nie gegeben und er könnte dann ja gleich daheim bleiben.
K: Das kann ich mir denken. Ich habe eine ähnliche Erfahrung gemacht. Ich wollte im Religionsunterricht so gerne davon sprechen, warum es zu diesen schlimmen Erdbeben (*aktualisieren*) gekommen ist und warum Gott nichts dagegen tun kann oder will, dass so viele Menschen sterben.
I: Das passt doch gut in den Religionsunterricht, oder?
K: Unsere Religionslehrerin hat gesagt, das sei ein schwieriges Thema und erst in der 9. Klasse dran. Außerdem müsse sie jetzt weitermachen, weil sie sonst mit dem Stoff bis Weihnachten nicht fertig wird.
I: Ich glaube, im Alltag sollten wir das lassen. Neue Wege gehen, wie die Sterndeuter, das kann in unserem Leben nicht sein. Wir müssen halt einfach so weiterleben wie bisher.
K: Ist ja auch nicht so schlecht. Jedenfalls habe ich bis zu den Osterferien die Sterndeuter bestimmt vergessen.

SZENE 8

Personen:
A, B, C, D, E, F, G, H, I, K

Ort:
Bühne

A: Dann ist das mit Weihnachten also doch eine Sache, die auf einen Tag beschränkt ist.
B: Dieses besondere Gefühl ist nur für kurze Zeit da. Es verschwindet nach Weihnachten wieder.
C: Es hat sich nur das Leben der Menschen damals verändert.
D: Wir schaffen es nicht, wie Hirten, Engel, Maria oder die Sterndeuter zu handeln.
E: Das richtige Weihnachten ist ja auch schon über 2000 Jahre vorbei.
F: Dann brauchen wir ja eigentlich kein Weihnachtsfest mehr.
G: Oder nur eine Feier zur Erinnerung, das würde doch auch genügen, oder?
H: Es ist dann vielleicht wichtiger zu überlegen, was der erwachsene Jesus für uns verändern kann.
I: Eigentlich schade, aber unser Alltag passt wohl nicht zu dem, was in Bethlehem geschah.
K: Wir werden uns nicht mehr vornehmen, dass nach Weihnachten etwas anders werden soll.

(Die Sprecher gehen jeweils nach ihrem Text ab und ungesehen zum Eingang, beispielsweise durch die Sakristei.)

SZENE 9

Personen:
SprecherIn

Ort:
Lesepult

SprecherIn: Das klingt jetzt aber nicht gut. Sicher, in unserem Alltag haben wir es schwer, wenn wir uns an die Weihnachtsbotschaft erinnern wollen. Wenn wir so handeln wollen, wie es uns Weihnachten eigentlich sagt, dann ist das ganz schön schwierig, egal ob in der Familie, im Kindergarten, in der Schule oder im Beruf.

Aber ich will nicht so tun, als ob Weihnachten bloß noch eine Erinnerung an das ist, was in Bethlehem geschehen ist. Ich denke, es ist eine schwierige Aufgabe, den Weihnachtsschein mit in den Alltag zu nehmen. Wir vergessen die Weihnachtsbotschaft oft, das stimmt schon.

Aber wenn nur einmal ein gutes statt einem schlechten Wort gesprochen wird, dann ist es Weihnachten geworden bei uns. Wenn nur einmal ein Kind zum Spielen eingeladen wurde, dann ist das Weihnachten, mitten im Jahr. Wenn ich von Jesus sprechen kann, dann ist Bethlehem bei uns. Wenn nur einmal ein neuer Weg gegangen wird, sind wir unterwegs zur Krippe.

Wir Menschen können nicht auf einmal anders werden. Aber ein ganz kleines Stück an jedem Weihnachtsfest, das ist der Sinn von Weihnachten. Und deshalb ist jedes Jahr wieder Weihnachten. Es ist richtig Weihnachten, nicht nur eine Erinnerung. Es wird jedes Jahr Weihnachten, damit wir Menschen immer wieder eine neue Chance haben, Gott in unser Leben zu lassen, egal was im letzten Jahr passiert ist.

Das Licht in der Krippe scheint hell. Es reicht noch weit, für viele Jahre. Es wird immer wieder Weihnachten werden und wir werden an jedem Weihnachten wieder nahe bei Gott und Jesus sein. Deshalb sollt ihr Menschen in unserer Krippe auch die Spieler zu euch in den Stall holen. Sie sitzen da für uns alle, um wieder zu erleben, dass Jesus zu uns kommen will.

SZENE 10

Personen:
Darsteller der Krippenszene, alle SprecherInnen A–K

Ort:
Altarraum, Kirchenraum

(Die Krippenspieler stehen auf, gehen den Sprechern durch den Kirchenraum entgegen und führen sie in den Stall. Dabei ordnen sich die jeweiligen Sprecher den passenden Personen zu und nehmen auch nebeneinander Platz. Dazu wieder festliche Musik.)

Wie es weitergehen kann

Weihnachten zu feiern, wird manchmal als scheinheilig abgetan, als etwas, das die Menschen in Wirklichkeit gar nicht so meinen. Häufig ist der Vorwurf zu hören, man sei nur an ein paar Tagen um Mitmenschlichkeit und die Nähe zu Gott bemüht, weil es eben dazu gehört.
Hier knüpft das Stück an. Die Menschen verändern sich nicht auf einmal und oft hat die Änderung keinen Bestand. Dennoch gehören die immer wieder unternommenen Versuche zu Schritten in Richtung Mitmenschlichkeit und Gottesbeziehung wesentlich zu Weihnachten. Das Spiel will Mut zu diesen Versuchen machen; sie haben ihre Berechtigung, auch wenn sie Einzelfälle bleiben.
Eine Weiterführung soll also dazu ermutigen, sich auf diesen Weg zu machen, und auch die Ernsthaftigkeit unterstreichen. Konkretisieren lässt sich das beispielhaft an einem Streit unter Geschwistern und der Möglichkeit, anders miteinander umzugehen. Wichtig ist es, zu erwähnen, dass die Einsicht in die Notwendigkeit von Veränderungen für einen dauerhaften Erfolg oft nicht ausreicht. Die politische Dimension kleiner Schritte ist in diesem Zusammenhang ein mögliches Thema.

Möglichkeiten und Hilfen

Mitwirkungsmöglichkeit
Die Mitwirkenden in der Bethlehemszene haben keine Sprechrolle. Deshalb können hier gut viele kleinere Kinder mitwirken.

Unterbrechungen
Nach den Szenen 2, 4–7 und 9 kann gesungen werden, z.B. EG 52 „Wisst ihr noch, wie es geschehen“. Die Strophenabfolge sollte den Szenen angepasst werden (1, 2, 5, 3, 4, 6). Möglich ist Gemeinde- und (Kinder-) Chorgesang.

Andere Religionen
Finden sich im Umfeld der Gemeinde viele Menschen anderer Religionen (z.B. unter den Kindergartenkindern), kann in Szene 7 ausführlicher darauf eingegangen werden, indem das Gespräch zu Beginn stärker betont, dass Gottes Liebe für *alle* gilt und die Sterndeuter ja aus nichtjüdischen Ländern kamen. Die neuen Wege, von denen I und K sprechen, können auch Wege der offenen Begegnung mit andersgläubigen Mitbürgern sein.

Dieses Jahr kein Weihnachtsstress!

(Einige Jugendliche beschließen, sich in diesem Jahr nicht am Weihnachtsrummel zu beteiligen, entdecken aber doch die positiven Seiten von „Weihnachtsstress". Wer entscheidet, wann und ob es Weihnachten wird?)

Angaben zum Stück

Mitwirkende Personen:

sprechend (große Textanteile)
- 8 SprecherInnen A, B, C, D, E, F, G, H

sprechend und darstellend
- Maria (kleinerer Textanteil)

darstellend
- Josef
- Hirten
- Engel
- Könige

Pantomime
- 6–8 pantomimische Darsteller
- Sprecher B, D, H

Kostüme: siehe Anhang

Requisiten / Material:
- Bastelsachen / Wohnungsschmuck
- Buch
- gefüllte Taschen und Tüten
- Teller mit einigen Plätzchen
- evtl. Teekanne und Teetassen
- Geschenkpäckchen

Aufführungsdauer: 15–18 Minuten

Szene	Personen / Ort	Inhalt / Grundaussagen	Darstellungsformen
1	Maria, Josef, Hirten, Engel, Könige Altarraum	Die Krippenfiguren zeigen, dass Gott den Menschen an Weihnachten nahe sein will.	• darstellendes Spiel
2	A, B, C, D, Maria, Josef, Hirten, Engel, Könige Bühne	Weihnachten hat so viele negative Begleiterscheinungen, deshalb soll es ausfallen.	• Gespräch
3	A, E Bühne	Manche Einzelaspekte der Weihnachtshektik sind positiv.	• darstellendes Spiel • Musik
4	C, F Bühne	s. Szene 3	s. Szene 3
5	Pantomimen, B, G Bühne und Teile des Kirchenraums	s. Szene 3	s. Szene 3 • Pantomime
6	Pantomimen, D und H Bühne und Teile des Kirchenraums	s. Szene 3	s. Szene 5
7	A, B, C, D Bühne	Die positiven Aspekte führen zum Wunsch, doch Weihnachten zu feiern.	• Gespräch
8	A, B, C, D, G, Maria, Josef, Hirten, Engel, Könige Altarraum	Weihnachten lässt sich nicht bestellen. Gott entscheidet, dass Weihnachten ist.	• darstellendes Spiel • Gespräch

SZENE 1

Personen:
Maria, Josef, Hirten, Engel, Könige

Ort:
Altarraum

(Alle stehen auf und richten ihre Kleider her.)

Maria: Also los! Jetzt ist schließlich bald wieder Weihnachten und unser jährlicher Auftritt rückt näher. Wir müssen uns bereitmachen, damit wir am 24. Dezember fertig sind und in die (...-) Kirche kommen können. Dort ist der Stall von Bethlehem. Ich freue mich schon richtig darauf, dass dann alle wieder merken, wie nahe Gott bei uns Menschen sein will!

(Sie helfen sich gegenseitig beim Anziehen, klopfen Kleider aus usw.)

SZENE 2

Personen:
A, B, C, D, Maria, Josef, Hirten, Engel, Könige

Ort:
Bühne

(A, B, C, D kommen polternd auf die Bühne und setzen sich.)

A: Oh, Mann! Jetzt ist schon Dezember, und die ganze Weihnachtsnerverei geht wieder los.

B: Genau, meine Mutter hetzt auch schon wieder in der Gegend herum, backt Plätzchen und ist grantig, wenn mal ein Blech davon verbrennt.

C: Bei meiner Oma sieht's aus wie in der Werbung. Überall in der Wohnung schweben Engelchen herum, lauter Zweige liegen im Weg und nirgends darf man hinfassen, weil man sonst alles durcheinanderbringt.

D: Also, meinetwegen könnte Weihnachten echt ausfallen! Es hat doch sowieso nicht mehr viel zu tun mit dem eigentlichen Weihnachtsgeschehen. Von wegen „besinnlicher Advent" und „Jesus kommt zu den Menschen" und so! Alle machen eine Riesenhektik und streiten am Ende dann doch wieder.

C: Ja, und dann diese Geschenke. Oft fällt einem nichts mehr ein, dann schenkt man bloß aus Verlegenheit. Oder man bekommt etwas, über das man sich wirklich nicht freuen kann, und muss ganz begeistert tun. Am meisten verdienen da ja doch die Geschäfte daran.

B: Vielleicht sollten wir einfach probieren, das Ganze nicht mitzumachen. Einfach keine Geschenke basteln oder kaufen, keine Weihnachtslieder singen und an Weihnachten mit Freunden fortgehen.

D: Denkst du, das kann man machen? Ich bin ja auch nicht verrückt nach so Familienfeiern, aber irgendwie erwarten das doch alle von einem.

A: Na ja, versuchen könnten wir es ja mal. Zwingen kann uns schließlich niemand dazu. Aber dann müssen wir wirklich alle mitmachen, sonst ist es doof.

B: Okay, lasst es uns versuchen: In diesem Jahr keine Weihnachtshektik, keine Geschenke, kein Weihnachtsschmuck im Zimmer, keine Weihnachtslieder.

C: Ja, aber auch keine Plätzchen, kein Familientreffen und kein Bummel über den Weihnachtsmarkt! Wenn ihr dabei seid – ich mache mit.

A, B, D: Ja, also abgemacht ...

A: Aber was machen wir dann am Heiligen Abend? Wenn alle anderen Weihnachten feiern und Geschenke auspacken?

D: Da machen wir uns einfach einen schönen Abend: Wir gehen zusammen Pizza essen und hinterher gibt's noch einen riesigen Eisbecher. Schließlich haben wir ja eine Menge Geld gespart, weil wir keine Geschenke kaufen müssen. Vielleicht können wir dann ja auch noch mal in den Feiertagen zum Skifahren. Bis wir zurück sind, ist alles vorbei.

(Sie wollen von der Bühne gehen, da kommt Maria gelaufen.)

Maria: Habe ich das richtig verstanden? Ihr wollt Weihnachten einfach ausfallen lassen?
Das geht nicht! Jedes Jahr ist Weihnachten. Wir freuen uns schon auf unseren Auftritt in der Krippe!

A: Du hast richtig gehört, Maria. Für uns fällt Weihnachten dieses Jahr aus. Wir haben einfach keine Lust auf dieses veraltete Zeug. Und schließlich kann uns niemand dazu zwingen!

Maria: Aber Gott will doch zu den Menschen kommen. Da könnt ihr nicht so einfach abhauen!

C: Lass uns doch damit in Ruhe! Wenn Gott zu den Menschen kommen will, soll er doch kommen. Wir gehen jedenfalls zum Skifahren!

Maria: Das finde ich echt gemein von euch! Da habe ich auch keine Lust mehr auf Weihnachten. Wir aus dem Stall von Bethlehem, wir gehen dann eben wieder, wenn ihr uns nicht wollt! Ihr werdet schon sehen, wie es euch ohne uns geht!

(Alle gehen ab. Maria, Josef, Hirten, Engel und Könige sind ziemlich beleidigt und legen teilweise ihre Kostüme oder Requisiten ab.)

SZENE 3

Personen:
A, E

Ort:
Bühne

(E setzt sich auf die Bühne, breitet Bastelsachen und Wohnungsschmuck aus und fängt an, Sterne zu basteln. A kommt herein.)

A: Hallo, ich dachte, ich schau mal vorbei. Vielleicht können wir ja zusammen etwas unternehmen. Wie wäre es mit Kino?

E: Normalerweise gerne, aber jetzt habe ich gerade angefangen, Sterne zu basteln. Da möchte ich nicht gleich wieder aufhören. Außerdem macht das Spaß. Ich will viele davon in meinem Zimmer aufhängen!

A: Echt? Magst du so etwas? Ich habe dieses Jahr versprochen, dass ich den ganzen Weihnachtsstress nicht mitmache.

E: Ehrlich? Also, ich weiß nicht. Mir gefällt das schon. Hilf mir doch ein bisschen beim Basteln. Da, halt mal fest. Zu zweit geht das sowieso besser.

(Die beiden basteln, dazu leise Musik.)

A: Also ich gehe dann mal. Mach's gut.

E: He, nimm doch wenigstens deinen Stern mit.

A: Also, eigentlich ... Ach ja, vielleicht kann ich ihn ja nächstes Jahr brauchen oder irgendwann ... aber nicht in diesem Jahr!

(Beide gehen von der Bühne.)

SZENE 4

Personen:
C, F

Ort:
Bühne

(F kommt mit einem Buch auf die Bühne und setzt sich hin. Murmelt leise Worte vor sich hin. C kommt herein.)

C: Na, altes Haus, was machst du da? Musst du noch Mathe oder Englisch lernen? Habt ihr noch eine Schulaufgabe?

F: Quatsch! Ein Weihnachtsgedicht lerne ich. Du weißt ja, unsere Jugendgruppe – wir machen immer mit bei so einem Weihnachtsnachmittag im Altenheim. Dafür lerne ich dieses Gedicht.

C: Gedicht? Weihnachtslieder? Finde ich ziemlich überholt. Ich lasse dieses Jahr Weihnachten ausfallen – ganz und gar! Und die anderen aus meiner Clique tun das auch. Das ist echt ein tolles Gefühl!

F: Finde ich nun gar nicht. Weihnachten hat doch auch so viel Schönes: Begegnungen, Geschenke, ein bisschen Ruhe, Besinnung auf Gott. Sag mal, kannst du mich das schnell abfragen? Dann wäre ich nämlich fertig.

C: Gib schon her. Aber nur abfragen. Ich mache da nicht mit.

(C nimmt das Buch.)

C: Das kenn' ich ja! Das ist ein altes Weihnachtslied, das mussten wir mal in Religion auswendig lernen: Herbei, o ihr Gläubigen, fröhlich triumphieret, o kommet, o kommet nach Bethlehem.

(Beide gehen ab.)

SZENE 5

Personen:
Pantomimen, B, G

Ort:
Bühne und Teile des Kirchenraums

(Pantomimische Szene: Einkaufshektik, alle laufen durcheinander, tragen Taschen, bieten Waren an, schütteln Hände, sind beschäftigt. B geht durch diese Hektik und kommt sich ganz verloren vor. Manchmal versucht B mit anderen zu reden [pantomimisch], aber diese tragen Weihnachtssachen durch die Gegend und beachten B kaum.)

B: Man kommt sich richtig verloren vor, wenn man da nicht mitmacht. So habe ich mir das nicht vorgestellt! Ich besuche mal doch lieber einen alten Kumpel.

G: Hallo, schön, dass du kommst. Ich mache uns gleich einen Tee. Magst du Adventstee mit Zimtgeschmack?

B: Ja, gerne – das heißt, hast du nicht auch normalen Tee? Ich habe versprochen, in diesem Jahr die ganze Weihnachtssache nicht mitzumachen: keine Hektik, keine Geschenke, kein Weihnachtsschmuck und auch keine Plätzchen und so etwas.

G: Ach komm, sei nicht so! Meine Plätzchen schmecken voll lecker! Ich habe zwei neue Rezepte entdeckt. Die zergehen auf der Zunge. Und darauf willst du verzichten? Ich glaub's nicht!

(G hält B einen Plätzchenteller unter die Nase.)

B: Na ja, eines kann nicht schaden. Außerdem könnte man ja immer Plätzchen backen, oder? Ich meine, so ganz ... ach, was soll's.

(B isst Plätzchen, B und G gehen ab.)

SZENE 6

Personen:
Pantomimen, D, H

Ort:
Bühne und Teile des Kirchenraums

(Pantomimische Szene: Alle [auch H] beschenken sich, tauschen Päckchen aus, schütteln Hände. Nach einer Weile ziehen sie D dazu und überreichen auch ihm Geschenke. D ist peinlich berührt, da er/sie nichts zurückschenken kann. D und H bleiben auf der Bühne zurück.)

D: Du, das ist wahnsinnig lieb von dir, aber mir ist das jetzt echt peinlich.

H: Was ist denn an einem Weihnachtsgeschenk peinlich?

D: Na ja, dass ich dir nichts schenken kann. Aber weißt du, wir haben in unserer Clique ausgemacht, dass wir Weihnachten in diesem Jahr total ausfallen lassen.

H: So ganz total? Ohne Geschenke, ohne Feier, ohne alles?

D: Ja, aber irgendwie ist das ganz schön schwer. Alle anderen haben zwar eine fürchterliche Hektik, aber auch eine Riesenfreude. Ich stehe einfach so daneben und habe nicht mal ein Geschenk für dich.

H: Das ist doch das Tolle am Schenken: Mir macht es einfach Freude, dir etwas zu schenken. Ich wünsche dir viel Spaß damit. Tschüß!

(H geht ab.)

SZENE 7

Personen:
A, B, C, D

Ort:
Bühne

B: Das ist nicht okay! Wir haben ausgemacht, das wir das ganze Weihnachtszeug ausfallen lassen. Und du stehst mit Geschenken da. Die Abmachung war: Alle machen mit. Ich finde das ziemlich gemein von dir.

D: Ich kann doch nichts dafür! Das Geschenk hat mir ... einfach gegeben.

B: Trotzdem, echt gemein.

A: Also, ich finde, wir sollten nicht zu hart zu ... sein. Schließlich kann man ja nichts dagegen tun, wenn man etwas geschenkt bekommt. Und ich muss zugeben, inzwischen finde ich unseren Plan, Weihnachten einfach ausfallen zu lassen, nicht mehr so toll.

B: Wieso – du warst doch so begeistert?

(A zieht den Stern heraus.)

A: Ich habe einen Freund/eine Freundin besucht, der/die hat gerade gebastelt. Eigentlich hätte ich gerne mitgemacht, aber da war ja unsere Abmachung.

C: Mir ging es ähnlich: Ich habe einem Freund/einer Freundin beim Auswendiglernen für eine Weihnachtsfeier geholfen, und am liebsten wäre ich mitgegangen, wenn wir nicht unsere Abmachung gehabt hätten.

D: Mir ist so richtig klar geworden, dass unser Plan ziemlich blöd ist, als ich das Geschenk hier bekommen habe. Eigentlich kriege ich nämlich gerne Geschenke und verschenke auch gerne Dinge. Sagt mal, sollen wir unseren blöden Plan nicht einfach aufgeben und Weihnachten feiern wie alle vernünftigen Menschen?

(Ab hier leise Musik.)

A: Ja, wenn ihr einverstanden seid. Ich fände es auch besser, denn eigentlich würde ich gerne auf den Weihnachtsmarkt gehen und einfach bummeln.

C: Klar, ich bin dabei! Es wäre mir doch schwer gefallen, am Heiligen Abend nicht zu Hause zu sein. Außerdem kommen meine Verwandten aus Hannover über die Feiertage; die hätte ich sonst gar nicht gesehen.

B: Jetzt bin ich aber erleichtert! Ich möchte inzwischen nämlich auch gerne ganz normales Weihnachten feiern und Plätzchen essen. Toll, dass ihr alle einverstanden seid!

A: Ja, richtige Freunde können auch mal zugeben, wenn ein Plan schlecht war. Auf zum Weihnachtsfest!

SZENE 8

Personen:
A, B, C, D, G, Maria, Josef, Hirten, Engel, Könige

Ort:
Altarraum

C: Aber, geht das jetzt noch? Wir haben die Krippenleute aus Bethlehem ziemlich verärgert. Ob die uns überhaupt noch mitfeiern lassen?

D: Ach komm, wir fragen sie einfach.

(A, B, C, D nähern sich Maria, Josef, den Hirten, Engeln und Königen.)

B: Hallo, Maria, Josef und ihr anderen! Wir haben eingesehen, dass unser Plan blöde war. Weihnachten kann man nicht ausfallen lassen. Kommt ihr doch noch zu uns?

Maria: Das könnte euch so passen! Uns kann man doch nicht einfach nach Lust und Laune abbestellen und wieder herbestellen. So geht das nicht!

A: Wir haben ja eingesehen, dass es nicht richtig war. Ach bitte, kommt doch und lasst es Weihnachten werden.

(Die Krippenfiguren schauen sich zögernd an. Eine Krippe mit Licht wird hereingetragen.)

G: Hört auf zu streiten! Nicht ihr entscheidet, ob und wann Weihnachten ist. Das hat Gott entschieden. Er hat uns Jesus einfach geschenkt. Und jetzt ist er da. Wir müssen ihn nur in unser Herz lassen!

Maria: Du hast Recht. Kommt herein, setzt euch an die Krippe und lasst uns endlich Weihnachten feiern.

(Alle setzen und stellen sich um die Krippe.)

Wie es weitergehen kann

Bei diesem Weihnachtsspiel bieten sich grundsätzlich zwei Weiterführungsmöglichkeiten an. Eher in einen gottesdienstlichen Rahmen passt es, an die Aussage in der letzten Szene anzuknüpfen, nach der es keine Entscheidung der Menschen ist, ob und wann Weihnachten stattfindet, sondern dass Gott darüber bereits entschieden hat. In einer möglicherweise anschließenden Auslegung des Weihnachtsevangeliums kann darüber nachgedacht werden, wie wir mit solchen ungeplanten Geschenken in unserem Leben umgehen.
Die andere Weiterführung wird sich stärker mit den Aussagen der Szenen 3 bis 6 befassen. Einzelne Aspekte dessen, was wir als Weihnachtsstress empfinden, können durchaus positiv erlebt werden. Hier kann entweder ein kreativer Schwerpunkt, wie etwa das gemeinsame Basteln eines Sterns, gesetzt werden oder eine Sammlung bekannter Weihnachtslieder und -gedichte kann zu Gesprächen anregen. Besonders für kleinere Kinder kann auch eine Veranstaltung mit dem Schwerpunkt „Weihnachten mit allen Sinnen erleben" anschließen; dafür wäre die Szene mit den duftenden Plätzchen als Anknüpfungspunkt besonders geeignet.

Möglichkeiten und Hilfen

Darsteller
Bei einer Lesung des Weihnachtsevangeliums kann ein Engel Lk 2,10–14 lesen, alle Engel können zusammen den letzten Vers sprechen.
Die Könige können einfach weggelassen werden.

Traditionen
Ist es in der Schule der mitwirkenden Kinder oder im Gemeinderahmen üblich, dass Weihnachtsspiele aufgeführt oder soziale Aktionen durchgeführt werden, kann dies in Szene 4 aufgenommen und die Szene entsprechend umformuliert werden.

Musik
Das in Szene 4 genante Lied eignet sich in einer Instrumentalfassung besonders gut als Hintergrundmusik. Statt EG 45 sind auch andere Lieder möglich.

Einen Leitstern wünsch' ich mir

(Woher wussten Maria und Josef oder die Hirten, dass sie dem richtigen Stern folgten? Was kann uns heute als Orientierung dienen?)

Angaben zum Stück

Mitwirkende Personen:

sprechend (große Textanteile)

- 8 SprecherInnen A, B, C, D, E, F, G, H

sprechend und darstellend

- 1 Hirte (kleiner Textanteil)
- 1 Engel (kleiner Textanteil)
- 1 König (mittlerer Textanteil)
- Maria (mittlerer Textanteil)
- Josef (kleiner Textanteil)

darstellend

- weitere Engel
- weitere Hirten

musizierend

- KönigInnen (Flötengruppe)

Pantomimen

- SprecherInnen E, F, G, H
- 4–8 weitere Pantomimen

Kostüme: siehe Anhang

Requisiten / Material:

- große Sterne aus Pappe oder festerem Papier (vier davon können hinten mit den Texten von E–H aus Szene 2 beklebt sein)
- evtl. kleine Sternchen zum Verteilen

Aufführungsdauer: 15–20 Minuten

Szene	Personen / Ort	Inhalt / Grundaussagen	Darstellungsformen
1	A, B, C, D Bühne	Hirten, Könige und Engel wussten sicher, dass ihr Weg zu Jesus und Gott führt.	• Gespräch
2	Pantomimen, E, F, G, H Bühne	Menschen, Institutionen usw. bieten verschiedene Wege an.	• Pantomime • Gespräch
3	A, B, C, D Bühne	Wie können wir den richtigen Weg für uns herausfinden?	• Gespräch
4	Maria, Josef, Hirten, Engel Kirchenraum, Altarraum	Weihnachten findet heute und hier statt. Wir erleben, wie der Stall von Bethlehem wieder belebt wird.	• Musik
5	A, B, C, D, E, F, G, H, 1 Hirte Bühne	Woher wussten die Hirten, dass Jesus Gottes Sohn ist?	• Gespräch
6	D, F, 1 Engel Bühne	Woher wussten die Engel, dass Jesus Gottes Sohn ist?	s. Szene 5
7	C, G, Könige Bühne	Woher wussten die Könige, dass sie zum richtigen Kind unterwegs sind?	• Gespräch • darstellendes Spiel • Flötenspiel
8	A, H, Maria, Josef, Pantomimen Bühne	Die Ratschläge der Engel, Hirten und Könige können helfen, den Weg zu Gott zu finden.	s. Szene 5
9	A, B, C, D Bühne	Welche Fragen können helfen, den Weg zu Gott zu finden?	• Gespräch

SZENE 1 *(Im Altarraum ist der Stall von Bethlehem aufgebaut.)*

Personen:
A, B, C, D

Ort:
Bühne

A: Ja, wenn ich mir den Stall von Bethlehem hier so anschaue, dann hatten die Hirten, Engel und Könige damals ja ein leichtes Spiel.

B: Wieso denn das?

A: Na ja, so ein großer Stern über dem Stall – da wussten sie ja gleich, wohin sie gehen müssen.

C: Du meinst, sie konnten den Weg gar nicht verfehlen, sich gar nicht verlaufen?

A: Genau. Gott hat ihnen gezeigt, wohin sie gehen müssen!

D: Das stelle ich mir toll vor – immer genau zu wissen, wo es lang geht! Da müsste ich nicht immer überlegen, ob ich dieses oder jenes machen soll.

C: Ja, und man wüsste auch immer gleich, ob man etwas darf oder nicht ...

B: ... ob es richtig ist oder nicht oder ob man jemandem damit schadet.

A: Ja, weil der Weg zu Gott doch immer richtig ist?

D: Ich überlege mir schon oft, ob ich auf dem richtigen Weg bin: Es gibt ja für alles so viele Möglichkeiten.

A: Oh ja, seht ihr, das meine ich. Ich zum Beispiel überlege schon lange, ob meine beste Freundin wirklich eine gute Freundin ist. Man hat mir erzählt, dass sie manchmal gemeine Sachen über mich sagt, wenn ich nicht dabei bin. Sie sagt, das stimmt nicht. Ich weiß einfach nicht, was ich tun soll!

B: Ich kenne das auch. Seit meine Eltern nicht mehr zusammen wohnen, erzählen sie mir manchmal Dinge über den anderen, die ich gar nicht gewusst habe. Und sie sagen, ich darf es aber nicht weitererzählen und so. Ich wüsste da auch gerne, wie der richtige Weg ist.

C: Mir kommt es so vor, als hätte ich einen ganzen Sternenhimmel zur Auswahl und weiß nicht recht, für welchen Stern ich mich entscheiden soll.

SZENE 2 *(Die Pantomimen und E, F, G und H haben einen großen Stern in der Hand und versuchen einen Menschen ohne Stern zu sich zu locken.)*

Personen:
Pantomimen, E, F, G, H

Ort:
Bühne

E: Ich zeige dir den Weg zu großem Reichtum.

F: Ich bin eine richtige Freundin.

G: Ich bin der einzige Weg, auf dem du glücklich wirst.

H: Bei mir kannst du reich werden.

E: Gib den anderen auch etwas ab.

F: Ich habe tolle Ideen, was du in deiner Freizeit machen kannst.
G: Ich kenne mich aus in der ganzen Welt.
H: Ich versorge dich, wenn du mir vertraust.

SZENE 3

Personen:
A, B, C, D

Ort:
Bühne

D: Das ist wirklich so im Leben. Wenn man nur immer wüsste, ob man richtig und zu Gott unterwegs ist!

B: Vielleicht sollten wir die Menschen fragen, die sich damals für den Stall und die Krippe entschieden haben, woher sie wussten, dass der Stern den richtigen Weg zeigt.

C: Das dürfte aber ziemlich schwierig sein. Schließlich ist das über 2000 Jahre her.

D: Aber heute ist dies trotzdem möglich! Schließlich ist Weihnachten. Da kommen doch auch Maria, Josef, Hirten, Engel und Könige hierher.

A: Das ist eine gute Idee. Ich glaube, sie kommen gerade herein.

SZENE 4

Personen:
Maria, Josef, Hirten, Engel, Könige

Ort:
Kirchenraum, Altarraum

(Alle kommen langsam durch den Mittelgang und erreichen den Stall im Altarraum. Dazu festliche Musik, z. B. J. S. Bach: Schlusschor des Weihnachtsoratoriums, BWV 248, Kantate VI, in einer Instrumentaleinspielung oder J. Clark: Prince of Denmark's March; weitere Musikvorschläge im Anhang. Nur die Könige samt Sprechern ziehen nicht mit ein, sie sitzen als Flötengruppe bereits vorne.)

SZENE 5

Personen:
A, B, C, D, E, F, G, H, Hirte

Ort:
Bühne

(E, F, G, H stellen sich zu A, B, C, D.)

C: Macht ihr mit? Wir wollen die Menschen fragen, woher sie wussten, dass der Stern ihnen den richtigen Weg zu Gott weisen wird.

(E, F, G, H nicken.)

B: Also los, wer traut sich? Fangen wir doch mal mit den Hirten an. Die sind ja schließlich ganz normale Menschen.

(E holt einen Hirten zu sich.)

E: Sag mal, woher wusstet ihr Hirten denn, dass das wirklich stimmt, dass Gottes Sohn auf die Erde gekommen ist?

B: Haben das nicht schon viele andere auch behauptet? Es hätte ja ein ganz normales Kind sein können!

E: Und helle Sterne gibt es ja viele!

Hirte: Ihr habt Recht. Schon oft hatten wir gemeint, dass Gottes Sohn jetzt endlich da sei. Aber wir waren uns erst sicher, als wir erfahren haben, dass er ein ganz ungewöhnlicher König sein möchte. Ein König, der den Menschen dient. Als wir dies gehört und gespürt haben, waren wir uns sicher: Das ist Gottes Kind. Dieser Jesus wird Gutes für alle Menschen bringen, nicht nur für ein paar.

B: Das ist ja interessant. Vielleicht kann uns das auch helfen, wenn wir nicht wissen, ob wir auf dem richtigen Weg sind. Wir können überlegen, ob das, was wir planen, den Menschen nützen könnte.

(Hirte geht zurück.)

SZENE 6

Personen:
D, F, Engel

Ort:
Bühne

D: Oh ja, und jetzt würde es mich aber noch interessieren, wie das für die Engel war.

(F holt einen Engel.)

F: Du, Engel, sag mal, wie das für euch war! Woher wusstet ihr denn, dass die heilige Nacht war, dass ihr jetzt auf die Erde müsst, um den Menschen Gottes Frieden zu verkündigen?

D: Es hätte ja gar nicht stimmen können und alle hätten das falsche Kind angebetet.

Engel: Wir Engel haben oft erlebt, dass man uns auf der Erde zu falschen Sachen rufen wollte. Aber etwas hat uns geholfen: Wir haben uns überlegt, ob das, was wir da singen, wirklich stimmt oder ob es nur im ersten Moment schön klingt. Wir haben tief in uns gespürt: Heute ist es endlich wirklich wahr! Es wird Friede auf Erden. Das ist wirklich Gottes Kind. Da konnten wir die frohe Botschaft zu den Menschen bringen.

D: Das können wir ja heute auch noch: Überprüfen, ob das, was man uns verspricht, wirklich wahr ist oder nur schön klingt.

(Der Engel kehrt zurück.)

SZENE 7

Personen:
C, G, Könige

Ort:
Bühne

C: Irgendwie fehlt da noch jemand, oder?
G: Schau, die Könige sind noch nicht da. Sie kommen erst zur Krippe. Wir werden sie gleich mal aufhalten.

(Die Könige setzen die Kronen auf und ziehen mit den Flöten in der Hand an der Bühne vorbei zum Stall.)

G: Du, König, sag mal, ihr seid ja aus fernen Ländern gekommen. Wie konntet ihr überhaupt wissen, dass der Stern euch zu Jesus führt?
C: Das hätte ja auch ein falscher Weg sein können – in die Wüste oder so ...
König: Wir sind losgezogen, weil wir in alten Schriften gelesen haben, dass Gottes Sohn alles auf der Welt ändern kann. Dass er nicht möchte, dass sich Menschen bekämpfen zum Beispiel. Dass er nicht möchte, dass einige hungern und andere zu viel haben. Wir sind losgezogen, weil wir wussten: Gott will, dass wir Menschen so miteinander leben. Wer alle Menschen gleich macht und will, dass sie friedlich zusammenleben, der kann nur von Gott kommen.
C: Das heißt also, wir müssten auch immer überlegen, ob das, was wir tun, zum Frieden unter den Menschen beiträgt und nicht Ärger oder Neid hervorruft.
König: Ja, das stimmt schon, aber nun lass uns weiterziehen, wir wollen doch das Kind anbeten und es beschenken. Wir haben sogar ein Flötenstück für das Jesuskind und seine Besucher eingeübt.

(Die Könige flöten an der Krippe. In dieser Zeit gehen die Pantomimen, die nicht gleichzeitig Sprecher sind, mit den Sternen in der Hand nach hinten in den Kirchenraum und laufen langsam durch verschiedene Gänge nach vorne. Sie bleiben immer wieder stehen.)

SZENE 8

Personen:
A, H, Maria, Josef

Ort:
Bühne

A: Jetzt würde ich aber gerne noch mit Maria und Josef sprechen!
H: Wir holen sie mal her. Die Hirten und Engel passen schon auf das Kind auf.

(H holt Maria und Josef aus dem Stall.)

H: Schön, dass ihr auch noch mit uns sprecht.
A: Wir sind nämlich ganz schön neidisch auf euch!
Josef: Wieso denn das? So toll war das auch nicht im Stall!
A: Ich meine, ihr wusstet ja, dass der Stern euch zu Gott leitet. Aber wir? Wir überlegen auch oft, wie wir zu Jesus kommen können und schau ...

(A zeigt auf die vielen Sterne im Kirchenraum.)

A: ... wie soll man da wissen, welcher Stern der richtige ist?
Maria: Halt, halt, so einfach hatten wir es auch nicht. Wir kannten unsere Geschichte ja nicht vorher. Aber macht es doch einfach so, wie es euch die Hirten, Engel und Könige gesagt haben: Überprüft, ob das, was ihr macht, wirklich wahr ist, ob es den Menschen nützt und ob es zum Frieden beiträgt.
Josef: So haben wir es immer gemacht, denn dann kann man ziemlich sicher sein, dass der Weg zu Gott führt.
Maria: Das gilt heute genauso wie vor 2000 Jahren.

(Die Pantomimen erreichen mit den Sternen die Bühne. Die Sterne werden aufgehängt. Maria und Josef gehen in den Stall zurück.)

SZENE 9

Personen:
A, B, C, D

Ort:
Bühne

A: Es stimmt schon, was Maria gesagt hat. Sie wussten damals ja auch nicht, wie ihr Leben weitergehen wird.
B: Aber das mit den drei Fragen merke ich mir. Das kann mir weiterhelfen, wenn ich überlegen muss, welchen Weg ich gehe.
C: Ich kann immer fragen, ob etwas wirklich wahr ist oder nur so klingt, dass es mir gefällt.
D: Ich kann schauen, ob mein Weg den Menschen nützt oder nur für mich bequem ist.
B: Ich kann überlegen, ob mein Leben zum friedlichen Zusammenleben beiträgt oder ob es dadurch nur Streit und Ärger gibt.
A: Jetzt ist mir auch klar, warum wir immer wieder Weihnachten feiern. Der Weg zu Gott war nicht nur damals in Bethlehem möglich. Wir müssen nur ein bisschen schauen, dann können auch wir entdecken, dass uns oft ein Stern den Weg zu Gott zeigt.

Wie es weitergehen kann

Die drei Fragen der letzten Szene eignen sich gut als Anknüpfungspunkt und regen zum Nachdenken darüber an, wo wir uns diese Fragen in unserem Alltag stellen. Es sollte dabei eine Suche nach „Wegweisern" entstehen, die individuell verschieden und nicht immer konkret fassbar sind. Es bleibt den Einzelnen überlassen, wie sie die Fragen jeweils beantworten, keinesfalls sollte ein Regelkatalog entstehen.
Auch die Lieder „Der Morgenstern ist aufgedrungen" (EG 69) oder „Stern

über Bethlehem, zeig uns den Weg" (EG 545) eignen sich gut als Anknüpfungspunkte.
Eine schöne Geste ist es, allen Besuchern einen kleinen Stern mit auf den Weg durchs Jahr zu geben. Er kann immer wieder an die Gedanken über den Leitstern erinnern.

Möglichkeiten und Hilfen

Pantomime
Möchte man diese Darstellungsform nicht wählen, kann der Darsteller in Szene 2, der von den Sternen gelockt wird, von diesen Verlockungen und Versprechungen, die ihm im Alltag begegnen, erzählen. Die Sterne könnten dazu sichtbar aufgehängt sein. Sie sind jedoch auch für die Szene 8 optisch notwendig.

Aufführungsort
Das Stück beinhaltet zwar die Weihnachtsgeschichte, ist jedoch nicht nur auf einen Gottesdienst ausgerichtet. Die Aussagen der letzten Szene lassen sich auch in weltlicherem Rahmen weiterführen. Der Schwerpunkt sollte dann stärker auf die drei Fragen gelegt werden, nicht so sehr auf dem weihnachtlichen Weg zu Gott.

Mitwirkende
An den pantomimischen Szenen können sehr viele Darsteller mitwirken. Einige können sich als Sterne verkleiden.

Vom Zauber des Augenblicks

(Erleben wir ähnlich Besonderes wie die Menschen damals in Bethlehem? Welche Bedeutung haben diese Momente für unseren Alltag?)

Angaben zum Stück

Mitwirkende Personen:	
sprechend (große Textanteile)	• 2 SprecherInnen S1 und S2 • 5 SprecherInnen A, B, C, D, E
sprechend und darstellend	• 3 HirtInnen H1, H2, H3 (große Textanteile) • 2 HirtInnen H4, H5 (kleine Textanteile) • 2 KönigInnen K1, K2 (mittlere Textanteile) • 1 Engel (kleiner Textanteil) • Maria (größerer Textanteil) • Josef (größerer Textanteil)
darstellend	• weitere Engel und KönigInnen • weitere Hirten
Kostüme:	siehe Anhang
Requisiten / Material:	keine
Aufführungsdauer:	25–30 Minuten

Szene	Personen / Ort	Inhalt / Grundaussagen	Darstellungsformen
1	S1, S2 Lesepult	Ist Weihnachten trotz jährlicher Wiederkehr ein besonderer Moment?	• Gespräch
2	S1, S2, H1, H2, H3 Lesepult, Altarraum	Die Begegnung in Bethlehem war ein besonderer Augenblick, der sich auch auf den Alltag ausgewirkt hat.	• Gespräch • darstellendes Spiel
3	A, B, C, D, E Bühne	Auch in unserem Leben gibt es besondere Augenblicke.	• Rede
4	H1, H2, H3, Maria, Josef, Engel, Könige, weitere Hirten Altarraum, Kirchenraum	Kann unser Weihnachtsfest wirklich so ein außergewöhnlicher Moment sein?	• Gespräch • darstellendes Spiel
5	S1, S2 Lesepult	Wenn Weihnachten außergewöhnlich ist, sollte es dann nicht ganz anders sein?	• Gespräch
6	A, C, H1, H4, H5 Bühne, Altarraum	Weihnachten ist immer dann in unserem Leben zu spüren, wenn Zusammenleben gelingt.	• Gespräch • darstellendes Spiel
7	B, E, H2, K1, K2 Bühne, Altarraum	Weihnachten lässt sich immer dann erleben, wenn wir mit uns zufrieden sind oder uns gut fühlen.	• Gespräch • darstellendes Spiel
8	D, H3, Engel, Könige Bühne, Altarraum	Jede Beschäftigung mit Gott oder Glaubensaussagen ist Weihnachten.	• Gespräch • Tanz
9	S1, S2, A, B, C, D, E Lesepult, Bühne	Aber was nützen kurze Weihnachtsmomente, wenn das Leben danach unverändert weitergeht?	• Gespräch • Rede
10	Maria, Josef Altarraum	Weihnachten soll jedes Jahr daran erinnern, dass kleine Momente auch ohne große Veränderungen ihren Wert haben.	• Rede
11	A, B, C, D, E, S1, S2 Bühne, Lesepult	Weihnachten ist oft in unserem Leben; das gibt Mut und Zuversicht.	• Rede • Gespräch

SZENE 1

Personen:
S1, S2

Ort:
Lesepult

(Musik, z.B. „One Moment in Time".)

S1 *(verträumt)*: Ach ja. So besondere Momente im Leben ... da gerate ich ja direkt ins Träumen ... und dann noch diese Musik ...

S2: He, wach auf! Du bist nicht irgendwo, du bist in der Kirche. Und heute ist Weihnachten.

S1: So unpassend ist meine Träumerei doch gar nicht. Das ist doch auch irgendwie jedes Jahr etwas ganz Besonderes. Sicher, man hört immer andere Musik, aber ich habe immer so schöne Erinnerungen an frühere Weihnachtsfeste. Und überhaupt freue ich mich schon aufs Weihnachten-Feiern.

S2: Das tue ich auch. Aber glaubst du wirklich, dass Weihnachten so ein besonderer Moment in unserem Leben ist? Das kommt doch jedes Jahr wieder?

S1: Wenn sich etwas wiederholt, kann es doch trotzdem besonders sein, oder?

S2: Also, bei den Menschen, die damals alles in Bethlehem miterlebt haben, kann ich mir das schon vorstellen. Aber für uns? Schau mal, da sind drei Hirten. Die sehen so aus, als wären sie in Bethlehem dabei gewesen. Vielleicht können die uns weiterhelfen.

SZENE 2

Personen:
S1, S2,
H1, H2, H3

Ort:
Lesepult,
Altarraum

S1: Hallo ihr drei! Vielleicht könnt ihr uns weiterhelfen. Wir unterhalten uns gerade über besondere Augenblicke im Leben.

H1: Und wie können wir euch da helfen?

S2: Wir wollten gerne wissen, wie das für euch damals in Bethlehem war. Das war doch sicher ein besonderer Augenblick in eurem Leben?

H2: Na klar! Als ich die Engel gehört habe und es auf einmal so hell war auf unserem Feld, da habe ich gedacht, ich bin wie verzaubert! Ich hatte das Gefühl, dass Gottes Botschaft vom Frieden auf Erden direkt in mein Herz geht! Ich habe mich richtig wertvoll gefühlt.

H3: Und erst als wir dann in dem Stall waren! Das kleine, neugeborene Jesuskind haben wir gesehen. Mir ist ganz warm ums Herz geworden. Ich habe das Gefühl gehabt, dass Gott mir den kleinen Jesus ganz persönlich schenkt, dass er mir hilft und mich beschützt. Daran denke ich noch so oft.

S2: Das kann ich mir gut vorstellen. Aber wir haben uns gerade gefragt, ob es in unserem Leben auch solche Augenblicke geben kann, in denen wir merken können, dass Gott auch heute bei uns ist. Ist Weihnachten so ein Moment? Kann man den einfach zu einem bestimmten Datum bestellen?

H3: Das geht natürlich nicht. Aber schau, bei uns hat ja auch dann unser ganz normaler Alltag wieder begonnen, die ganz normale Hirtenarbeit. Aber manchmal, wenn wir uns besonders gut vertragen haben oder einer ganz nett zum anderen war, einfach so – da hatte ich auch das Gefühl: Ja genau, jetzt merke ich wieder, dass Gott da ist. Und so etwas gibt es doch sicher auch in eurem Leben, oder?

SZENE 3

Personen:
A, B, C, D, E

Ort:
Bühne

A: Na klar, gibt es das auch in unserem Leben! Ich habe neulich mal mit einer aus meiner Klasse an der Bushaltestelle gestanden, die ich eigentlich nicht besonders gut leiden kann. Weil aber sonst niemand da war, haben wir uns halt ein bisschen unterhalten. Als ich dann zu Hause war, hatte ich ein richtig gutes Gefühl. Eigentlich ist es gar nicht so schwer, gut mit anderen auszukommen, auch wenn man sich nicht so mag.

B: Ich hatte so ein Erlebnis mit mir selbst. Manchmal kann ich mich nicht besonders gut leiden. Da finde ich einfach alles doof, was ich sage und mache. Aber neulich war ein toller Tag. Mir ging es richtig gut, einfach so. Und am Abend habe ich mir dann gedacht: So könnte es immer bleiben!

C: Ich erlebe so besondere Augenblicke meistens mit meinen Freundinnen und Freunden. Wenn wir zusammen etwas unternehmen, uns unterhalten oder Spaß haben, dann denke ich mir oft, dass das Leben einfach schön ist.

D: Manche Menschen erleben so einen ganz besonderen Moment im Leben auch mit Gott. Oft kann man richtig spüren, dass er gerade jetzt im Moment ganz nahe bei einem ist. Manchmal, wenn es einem gerade gut geht, manchmal, wenn es einem gerade sehr schlecht geht. Aber für einen ganz kleinen Augenblick kann man Gott richtig spüren.

E: Viele erleben solche besonderen Momente vielleicht auch, wenn sie weg sind von ihrem normalen Alltag. Vielleicht im Urlaub, vielleicht auf einer Feier oder wenn sie ganz für sich alleine sind. Da denkt man sich doch auch oft: Mir geht es gerade so richtig gut, fast wie im Traum!

SZENE 4

Personen:
H1, H2, H3, Maria, Josef, Engel, Könige, weitere Hirten

Ort:
Kirchenraum, Altarraum

H1: Na, seht ihr. Wir haben uns das gleich gedacht, dass es auch in eurem Leben solche schönen Augenblicke gibt. Das ist also nichts, was nur wir damals in Bethlehem erlebt haben.

H2: Ihr habt uns gefragt, ob euer Weihnachten so ein besonderer Augenblick sein kann. Ganz genau wissen wir das auch nicht. Aber ich denke schon, dass das bei vielen so ist.

H3: Wir holen jetzt mal alle herein, die damals in Bethlehem dabei waren, damit es auch heute richtig Weihnachten werden kann.

(Die HirtInnen gehen nach hinten und holen die Krippendarsteller ab. Gemeinsam ziehen sie in den Altarraum und nehmen ihre Plätze ein. Dazu festliche Musik, z.B. J.S. Bach: Schlusschor des Weihnachtsoratoriums, BWV 248, Kantate VI, in einer Instrumentaleinspielung oder J. Clark: Prince of Denmark's March; weitere Musikvorschläge im Anhang.)

SZENE 5

Personen:
S1, S2

Ort:
Lesepult

S1: Das war jetzt aber schon ein besonderer Moment, als unsere Krippenpersonen nach vorne gekommen sind.

S2: Ich finde, das ist so, als wenn dann Weihnachten richtig beginnt.

S1: Ich denke noch nach über das, was wir vorher von den außergewöhnlichen Momenten in unserem Leben gehört haben. Solche Dinge habe ich natürlich auch schon erlebt.

S2: Aber haben die wirklich etwas mit Weihnachten zu tun? Sollte Weihnachten nicht doch ganz anders sein?

SZENE 6

Personen:
A, C,
H1, H4, H5

Ort:
Bühne, Altarraum

A: Da möchte ich auch noch einmal nachfragen. Wir beide haben erlebt, dass es so besondere Momente geben kann zwischen uns Menschen, sei es mit Freunden oder auch mit Menschen, die man nicht so mag.

C: Ja, ich habe manchmal wirklich das Gefühl: Ja, das ist jetzt toll. Aber ob das etwas mit Weihnachten zu tun hat? Ich habe da meine Zweifel.

H1: Vielleicht können euch meine Hirtenkollegen weiterhelfen. Wir haben ja damals das Jesuskind gesehen und erlebt, wie schön es war, dass Gott in unsere Welt kommt. Fragt sie doch einmal, wie das für sie war.

A: Das machen wir! Könnt ihr uns vielleicht helfen? Hat es etwas mit der Geburt von Jesus zu tun, wenn wir erleben, dass es besonders gut läuft zwischen uns Menschen?

H4: Natürlich! Für uns war es natürlich toll, dass wir als Erste zu dem kleinen Jesuskind kommen durften. Da waren viele verschiedene Menschen im Stall. Manche konnte ich gut leiden, andere gar nicht. Plötzlich haben wir gemerkt, dass wir uns genau richtig verhalten, wenn wir es schaffen, uns miteinander zu vertragen.

H5: Das haben wir natürlich auch schon vorher oft getan. Aber seit wir im Stall von Bethlehem waren, wissen wir auch, dass wir dann immer ganz nahe bei Gott sind.

H4: Weihnachten war nicht plötzlich vorbei. Auch viel später haben wir immer wieder gespürt, dass Jesus uns zeigen wollte, wie Menschen gut miteinander auskommen.

H5: Manchmal ist das ganz schön schwer. Aber wenn man es schafft, sich zu vertragen, fühlt es sich manchmal an wie damals im Stall.

H1: Ich kann das nur bestätigen. Menschen, die schöne Augenblicke mit anderen erleben, fühlen immer ein Stückchen Weihnachten.

A: So recht kann ich es mir noch nicht vorstellen. Aber eigentlich ist es eine tolle Vorstellung, dass Weihnachten auch in meinem Leben Platz hat. Ich werde mich daran erinnern, wenn ich das nächste Mal mit jemandem gut auskomme, obwohl ich nicht gerade befreundet bin mit ihm.

C: Ich werde daran denken, wenn es mir wieder gut geht mit Freundinnen und Freunden. Der Spaß und unser Zusammenhalt – das ist ein Teil von Weihnachten. Wir sind dann auf einem richtigen Weg. Das finde ich schön.

SZENE 7

Personen:
B, E, H2, K1, K2

Ort:
Bühne,
Altarraum

B: Halt! Da möchte ich aber auch noch etwas wissen. Das habe ich schon verstanden mit Weihnachten und dem, dass sich Menschen gut verstehen sollen. Ich habe aber solche besonderen Momente nicht mit anderen erlebt, sondern mit mir.

E: Ja, und wie ist das mit den Menschen, die ihre verzauberten Momente weit weg von ihrem Alltag erlebt haben? Dabei kann man sich ja mit niemandem gut vertragen, oder?

B: Wenn man die Hirten gerade gehört hat, kommt man sich ja geradezu egoistisch vor. Ob das dann auch etwas mit Weihnachten zu tun hat? Was meinst denn du?

H2: Also, ich glaube nicht, dass die Weihnachtsmomente nur etwas mit Gemeinschaft zu tun haben. Jeder Einzelne von uns ist schließlich wichtig für Gott. Aber frag doch mal die Könige. Schließlich waren die ja ziemlich lange alleine unterwegs, denn sie hatten ja einen weiten Weg.

E: Hallo, ihr Könige. Wir hätten da eine Frage an euch. Wir denken, Weihnachten war ein ganz besonderer Moment zwischen Gott und den Menschen. Wir haben so besondere Momente oft alleine erlebt. Kann das auch etwas mit Weihnachten zu tun haben?

K1: Was denkt ihr denn? Wir waren lange unterwegs, bis wir nach Bethlehem kamen. Und ich kann dir sagen, wenn man so viele Tage auf seinem Kamel dahinreitet, da kommt man ganz schön ins Nachdenken! Bin ich da richtig unterwegs? Habe ich das richtige Ziel? Und dann immer der Stern, der unser Wegweiser war. Nachts habe ich manchmal so viel über mich nachgedacht. Aber manchmal ist es mir plötzlich richtig gut gegangen. Ich habe plötzlich gewusst, dass es richtig ist, was ich tue, dass ich ganz in Ordnung bin mit allen meinen Ideen und Gedanken. Und wisst ihr, genau dieses Gefühl hatte ich auch, als ich dann Jesus im Stall sah. Da war mir plötzlich klar, dass ich dann, wenn ich mich gut leiden kann, Weihnachten immer wieder erlebe.

H2: Kannst du auch noch etwas erzählen?

K2: Ich fand das ziemlich mutig von mir, so weit fort zu reiten. Aber ich war mir sicher, dass dieser neugeborenen König ein ganz besonderer König ist. Wenn man weit weg ist von seinem Zuhause und von der normalen Arbeit, erlebt man ja oft besondere Dinge. Ich habe tolle Landschaften gesehen, Menschen aus fremden Ländern kennen gelernt, unbekannte Speisen probiert. Ja, da habe ich mich auch manchmal verzaubert gefühlt. Einfach wunderschön. Wie den anderen ist es mir so gegangen, dass ich dieses verzauberte Gefühl auch bei der Begegnung mit Jesus hatte und plötzlich wusste, dass diese ganzen Momente in meinem Leben etwas mit Weihnachten zu tun haben.

E: Das ist ein seltsamer Gedanke, dass zum Beispiel meine schönen Urlaubserinnerungen etwas mit Weihnachten zu tun haben könnten.

B: Aber ich finde das schön! Ich bin nicht egoistisch, wenn ich mich toll finde, sondern tue das, was Gott gewollt hat.

SZENE 8

Personen:
D, H3, Engel, Könige

D: Die Gemeinschaft untereinander, sich selbst annehmen, das hat Gott gewollt. Aber wie ist es, wenn Menschen ihre besonderen Augenblick beim Beten oder Singen in der Kirche erleben oder beim Nachdenken über das, was in der Bibel steht? Dabei geht es doch oft gar nicht um Weihnachten, sondern um andere Dinge. Die sind ja nicht immer so erfreulich. Wenn sich jemand bei Gott beklagt, weil es ihm schlecht geht, kann das dann mit Weihnachten zu tun haben?

Ort:
Bühne,
Altarraum

H3: Das ist wirklich eine schwere Frage. Wir Menschen können sie vielleicht gar nicht beantworten.

D: Mich würde es aber interessieren. Haben wir immer mit Weihnachten zu tun, wenn wir mit Gott oder über Gott reden? Wer könnte uns da weiterhelfen?

H3: Mir fallen da nur die Engel ein. Schließlich sind sie ja Boten Gottes, die uns an Weihnachten gesagt haben, dass Gott so nahe bei uns Menschen sein will, dass er sogar seinen Sohn auf die Erde schickt.

D: Hallo Engel, was denkst du darüber? Haben auch unsere Fragen etwas mit Weihnachten zu tun?

Engel: Immer wenn Menschen sich mit Gott beschäftigen, ist es ein Stück von Weihnachten.

H3: Dann ist es also auch in Ordnung, wenn wir uns auch mal bei Gott beklagen und ihn um etwas bitten?

Engel: Ja, genau!

D: Dann ist ja das ganze Jahr über immer ein bisschen Weihnachten, immer dann, wenn Menschen an Gott denken. Das ist eigentlich eine schöne Vorstellung.

H3: Ich möchte gerne noch ein bisschen darüber nachdenken. Schau mal, die Engel und Könige tanzen inzwischen für uns!

(Tanz der Engel und KönigInnen.)

SZENE 9

Personen:
S1, S2, A, B, C, D, E

Ort:
Lesepult,
Bühne

S1: Mir gefällt das gut. Es ist eine schöne Vorstellung, dass unser Leben so viel mit Weihnachten zu tun hat: immer wenn es unter uns Menschen gut klappt, wenn wir mit uns selbst im Reinen sind, wenn wir die Nähe zu Gott suchen. Wenn man sich das genau überlegt, dann haben wir ja eigentlich jeden Tag Weihnachten!

S2: Auf den ersten Blick finde ich das auch toll. Aber …

S1: Was aber?

S2: Na ja, ich denke halt, dass es immer nur so kurze Augenblicke sind. Was nützt mir denn ein wunderbarer Moment in meinem Leben, wenn es im nächsten Augenblick wieder anders ist? So kann doch Weihnachten nicht gemeint sein?

A: Was nützt denn schon ein gutes Gespräch, wenn man sich am nächsten Tag wieder streitet?

B: Was nützt es, mit sich selbst klar zu kommen, wenn man am nächsten Tag wieder überlegt, ob man vielleicht doch alles falsch macht?

C: Was nützt eine gute Stimmung mit den Freunden, wenn keiner da ist, wenn es mir schlecht geht?

D: Was nützt ein Gebet, wenn es mir dann weiter schlecht geht?

E: Was nützt ein toller Moment im Urlaub, wenn mein Alltag dann wieder alle Probleme hat?

S2: Tja, vielleicht ist es doch so, dass Weihnachten nichts mit unserem Alltag zu tun hat. Wir schaffen es einfach nicht, so zu leben, wie Gott es will und wie Jesus uns es gezeigt hat.

S1: Schade. Aber welchen Sinn hat es dann überhaupt, dass wir Weihnachten feiern? Wenn es doch nichts mit unserem Leben zu tun hat? Sollte man es dann nicht gleich ausfallen lassen?

SZENE 10

Personen:
Maria, Josef

Ort:
Altarraum

Maria: Dazu möchten jetzt aber wir beide gerne etwas sagen.

Josef: Sicher, solche kleinen zauberhaften Momente erlebt man nicht an jedem Tag, obwohl das natürlich schön wäre.

Maria: Am liebsten würde man dann die Zeit anhalten. Alles sollte immer so bleiben. Uns ging es damals auch so, als unser kleiner Jesus geboren wurde. Wir waren so glücklich und spürten, dass Gott uns ganz nahe sein will. So viele nette Menschen haben uns damals besucht und sich mit uns gefreut.

Josef: Aber Jesus ist größer geworden und wir haben eine Menge von ihm gelernt. Zum Beispiel, dass es gar nicht schlimm ist, wenn etwas Schönes aufhört. Als er dann später alle seine Wunder getan hat, da haben auch viele Menschen gesagt, dass er doch gleich *alle* gesund machen soll oder aus dem Wasser in *allen* Krügen Wein machen soll.

Maria: Jesus hat immer wieder gesagt, dass es schon in Ordnung ist, wenn gerade im Augenblick geholfen wird. Er hat uns immer wieder erklärt, dass in solchen Momenten Gott ganz nahe bei uns Menschen ist. Er hat gesagt, dass wir immer alles auf einmal wollen und nur zufrieden sind, wenn uns alles gelingt. Aber Gott freut sich auch, wenn es nur kleine Momente sind.

Josef: Und Weihnachten soll uns immer daran erinnern, dass alle unsere kleinen besonderen Erlebnisse ein Teil des Weihnachtsfestes sind. Auch wenn sie nur kurz sind, sind sie wichtig und lassen uns spüren, dass Gott uns ganz nahe ist.

Maria: Wir haben auch von Jesus gelernt, dass es ganz wichtig ist, jedes Jahr *wieder* Weihnachten zu feiern, weil wir das manchmal vergessen und so unzufrieden mit uns sind. Jesus war immer dann glücklich, wenn es einen kleinen Augenblick so war, dass Menschen sich vertragen, dass sie sich selbst mögen und dass sie Gott mögen.

Josef: Es muss nicht gleich alles auf einmal passieren. Kleine Schritte reichen. Wichtig ist nur, dass man die macht und sich nicht denkt: Wenn sich nicht gleich die Welt ändert, kann ich es auch sein lassen!

SZENE 11

Personen:
A, B, C, D, E, S1, S2

Ort:
Bühne, Lesepult

A: Weihnachten ist nicht erst, wenn alle Kriege und Streite beendet sind. Weihnachten ist immer, wenn es nur einen Augenblick gelingt, dass sich Menschen vertragen, statt zu streiten.

B: Weihnachten ist nicht erst, wenn kein Mensch mehr etwas an sich auszusetzen hat, sondern immer dann, wenn eine oder einer von uns für einen Moment mit sich zufrieden ist.

C: Weihnachten ist nicht erst dann, wenn alle Freundschaften ewig halten und es keine Enttäuschungen mehr gibt. Weihnachten ist immer dann, wenn wir für einen Moment erleben, dass es schön ist, Freunde zu haben.

D: Weihnachten ist nicht erst dann, wenn wir alle keine Fragen mehr an Gott haben, sondern immer, wenn wir uns daran erinnern, dass Gott da ist und uns begleitet.

E: Weihnachten ist nicht erst dann, wenn unser ganzes Leben so ist, wie wir es gerne hätten, und uns keine Mühe mehr macht. Weihnachten ist immer dann, wenn wir unser Leben einen Augenblick so richtig genießen.

S1: Mir hat das gut getan, was uns Maria und Josef erzählt haben.

S2: Vielleicht ist es wirklich so, dass wir Menschen immer meinen, es müsste gleich alles gelingen oder es hat gar keinen Wert.

S1: Ich habe mich oft nicht getraut, mich an solchen besonderen Momenten zu freuen, weil ich immer genau das im Hinterkopf hatte: Es ist ja nur ein kleiner Schritt.

S2: Wenn wir uns merken, was uns Maria und Josef gesagt haben, ist ja wirklich in unserem Leben viel öfter Weihnachten, als wir glauben. Weihnachten, das heißt ja eigentlich nichts anders als „Gott kommt zu uns".

S1: Dann ist es also auch Weihnachten, wenn es im Kindergarten einen Tag keinen Streit gibt. Wenn man einmal eine gute Note in einem schwierigen Fach bekommt oder wenn es zu Hause keinen Ärger gibt, obwohl einer etwas falsch gemacht hat.

S2: Ja, aber auch dann, wenn es bei kranken Menschen ein paar Stunden gibt, in denen sie sich besser fühlen, wenn in Kriegsgebieten die Leute für eine Weile keine Angst haben müssen und einsame Menschen einen Moment erleben, in dem sich jemand um sie kümmert.

S1: Wenn man in einem neuen Wohnort zum ersten Mal kein Heimweh mehr hat, ein bisschen die Angst vor neuen Aufgaben verliert, einen winzigen Schritt in eine ungewisse Zukunft wagt oder zum ersten Mal im Leben zu Gott beten kann.

S2: Viele Dinge würden uns da noch einfallen. Sicher, es sind nur Augenblicke, Momente, die wir nicht festhalten können. Aber sie können uns Mut machen, daran zu glauben, dass es immer wieder solche besonderen Momente in unserem Leben geben wird. Und auch Mut dazu, manchmal selbst den nächsten Schritt zu tun.

S1: Wir dürfen es nur nicht wieder vergessen. Aber deshalb feiern wir ja jedes Jahr wieder Weihnachten. Wir lassen uns immer wieder daran erinnern. So gesehen, ist Weihnachten doch ein ganz besonderer Moment: Uns wird ganz deutlich, wie nahe uns Gott eigentlich immer ist.

Wie es weitergehen kann

In diesem Weihnachtsspiel geht es sehr stark um die Frage, ob außergewöhnliche Momente in unserem Leben eine große Rolle spielen können oder dürfen. In einer Weiterführung könnte überlegt werden, welche Momente dieser Art es gibt und was sie für uns bedeuten. Methodisch bietet sich hierfür eine gedankliche Reise durch den Alltag ebenso an wie das Sammeln von Gedanken auf Kärtchen o. Ä.

Ein wichtiger Gedankenanstoß sollte zeigen, wie es gelingen kann, sich – trotz ihrer zeitlichen Begrenzung – an solchen Momenten zu freuen und sie nicht auf die Wirksamkeit im Alltag zu reduzieren.

Ein gut geeignetes symbolisches Geschenk sind Wunderkerzen, die für einen kurzen Augenblick wunderschön strahlen.

Möglichkeiten und Hilfen

Tanzgruppe

Der Tanz muss nicht unbedingt von den Engeln und KönigInnen aufgeführt werden. Auch andere Personen können ihn übernehmen. Der Hinweis am Ende der Szene 8 muss dann entsprechend angepasst werden.

Sprecher

Stehen zu wenige Sprecher zur Verfügung, lassen sich die Rollen von A und C sowie von B und E zusammenfassen. Die kleineren Textteile der Hirten H4 und H5 können von den großen Hirten mitgelesen werden.
Das Gespräch von S1 und S2 lässt sich zu einer Moderation zusammenfassen, die auch ein Erwachsener lesen kann, ohne das Spielgeschehen zu beeinflussen.

Weihnachten fing viel früher an

(Zwei Kinder bauen mit ihrer Großmutter die Krippe auf und erfahren dabei von den alttestamentlichen Verheißungen.)

Angaben zum Stück

Mitwirkende Personen:

sprechend und darstellend (große Textanteile)
- Martin (M)
- Sabine (S)
- Oma (O)

sprechend
- SprecherInnen 1–5

tanzend
- 12–15 Kinder (als Personen der Krippenszene verkleidet)

helfend
- 2–4 Personen, die bei der Aktion in Szene 3 helfen

Kostüme: keine

Requisiten / Material:
- Tisch
- Decke
- Stall
- größerer Stern
- Heu und / oder Stroh
- Krippe mit Jesuskind
- viele Teelichter oder Kerzen für den (Kirchen-)Raum
- evtl. ein Symbol zum Verteilen wie etwa ein kleiner Stern, ein Lamettafaden, ein Stückchen Schafwolle

Aufführungsdauer: etwa 25 Minuten

Szene	Personen / Ort	Inhalt / Grundaussagen	Darstellungsformen
1	Martin, Sabine, Oma Altarraum oder Bühnenteil	Wir mögen Advents- und Weihnachtstraditionen. Heute bauen wir die Krippe auf.	• darstellendes Spiel
2	Martin, Sabine, Oma, SprecherIn 1 Altarraum oder Bühnenteil, Lesepult	Im Einfachen und ganz Gewöhnlichen kommt Jesus zur Welt. Micha 5, 1–4a	• darstellendes Spiel • Lesung
3	Martin, Sabine, Oma, SprecherIn 2 Altarraum oder Bühnenteil, Lesepult, Kirchenraum	Die Geburt Jesu war lange angekündigt. Es war vorhergesagt, dass Jesus Licht in die Finsternis bringt. Jes 9, 1	• darstellendes Spiel • Lesung
4	Martin, Sabine, Oma, SprecherIn 3 Altarraum oder Bühnenteil, Lesepult	Das Wirken des angekündigten Retters wird klein beginnen. Jes 11, 1–2 Lied: Es ist ein Ros entsprungen	• darstellendes Spiel • Lesung • Musik
5	Martin, Sabine, Oma, SprecherInnen 1–5 Altarraum oder Bühnenteil, Kirchenraum	Für das geweissagte Kind hat sich ein Prophet wunderbare Namen ausgedacht. Jes 9, 5	• darstellendes Spiel • Lesung
6	Martin, Sabine, Oma, SprecherInnen 1–5, Tanzgruppe Altarraum oder Bühnenteil, Lesepult	Weihnachten war ganz anders. Zusammenfassung von Lk 2, 1–20.	• darstellendes Spiel • Tanz • Lesung
7	Martin, Sabine, Oma, SprecherIn 1 Altarraum oder Bühnenteil, Lesepult	Weihnachten hat viel früher begonnen. Noch sind nicht alle Weissagungen erfüllt. Jes 11, 6–11	• darstellendes Spiel • Lesung

SZENE 1

Personen:
Martin (M),
Sabine (S),
Oma (O)

Ort: Altarraum oder Bühnenteil

M: Ich mag die Adventszeit unheimlich gerne. Obwohl ich jetzt schon 11 Jahre bin, finde ich unser Nikolausfest zu Hause mit den Cousinen und Cousins absolut toll. Es ist so, als würde Weihnachten da schon ein bisschen beginnen, oder?

S: Genau. Oder auch das Plätzchenbacken mit der Mama: Beim Duft aus dem Backofen beginnt doch eigentlich auch schon Weihnachten, obwohl es dann ja immer noch eine Weile dauert!

M: Und heute mit der Oma – das ist irgendwie auch so. Jedes Jahr, wenn wir mit ihr die große Krippe aufbauen, ist es ein schönes Erlebnis. Ich würde am 4. Advent nie etwas anderes unternehmen wollen, als mit der Oma die Krippe aufbauen.

S: Ich könnte mir das auch nie vorstellen!

O: Hallo Sabine, hallo Martin, schön, dass ihr da seid! Ohne euch würde mir meine Weihnachtskrippe nicht halb so gut gefallen! Martin, trag doch mal die Kiste in das Wohnzimmer!

(Martin trägt eine große Kiste herbei, in der sich die Krippenfiguren und Zubehör befinden, Sabine und Oma breiten eine große Decke über einen Tisch.)

SZENE 2

Personen:
Martin (M),
Sabine (S),
Oma (O),
SprecherIn 1

Ort:
Altarraum oder Bühnenteil, Lesepult

(Der Stall wird deutlich sichtbar auf den Tisch gestellt.)

S: Eigentlich ist das schon komisch. Von außen sieht er aus wie irgendein Stall. Man glaubt gar nicht, dass in so einem Stall so etwas Außergewöhnliches passiert ist!

O: So ähnlich steht das auch in der Bibel, Sabine. Lange Jahre bevor Jesus geboren wurde, hat ein Prophet schon vorausgesagt, dass aus dem kleinen Ort Bethlehem der kommen soll, der in Israel der Herr ist und der durch die Kraft Gottes allen Menschen Heil bringt.

SprecherIn 1: Aber du, Bethlehem-Efrata, so klein unter den Gauen Judas, aus dir wird hervorgehen, der über Israel herrschen soll. Sein Ursprung liegt in ferner Vorzeit, in längst vergangenen Tagen. Darum gibt der Herr sie preis, bis die Gebärende einen Sohn geboren hat. Dann wird der Rest seiner Brüder heimkehren zu den Söhnen Israels. Er wird auftreten und ihr Hirt sein in der Kraft des Herrn, im hohen Namen Jahwes, seines Gottes. Sie werden in Sicherheit leben; denn nun reicht seine Macht bis an die Grenzen der Erde. Und er wird der Friede sein. (Micha 5,1–4a)

SZENE 3

Personen:
Martin (M),
Sabine (S),
Oma (O),
SprecherIn 2

Ort:
Altarraum oder Bühnenteil, Lesepult, Kirchenraum

(Ein großer Stern wird sichtbar am Stall befestigt.)

M: Was, das wurde alles schon gesagt, bevor Jesus geboren wurde? Dann haben die Menschen damals ja genau Bescheid gewusst, dass Jesus geboren würde. Sie haben ja schon gewusst, dass er dann gut zu ihnen sein würde.

O: Einige Zeit ging es den Menschen, die an Gott glaubten, sehr schlecht. Sie wussten ja nicht, wann Gott den Retter schicken würde. Aber sie wussten, dass er ihr Leben hell machen würde.

M: Und woher wussten sie das, Oma?

O: Weil auch das viele Jahre vorher von einem Propheten gesagt wurde. Er hat den Messias mit einem großen Licht verglichen.

SprecherIn 2: Das Volk, das im Dunkeln lebt, sieht ein helles Licht; über denen, die im Land der Finsternis leben, strahlt ein Licht auf. (Jes 9,1)

(Während der Lesung und anschließend bei ruhiger Musik werden überall im Kirchenraum verteilt Teelichter entzündet.)

SZENE 4

Personen:
Martin (M),
Sabine (S),
Oma (O),
SprecherIn 3

Ort:
Altarraum oder Bühnenteil, Lesepult

(Heu und Stroh werden deutlich sichtbar um den Stall herum gelegt.)

S: Ich habe das noch nicht gewusst, dass Weihnachten eigentlich schon so viele Jahre vorher angekündigt war. Aber wenn die Menschen das alles schon wussten, dann haben sie doch sicher ein großes Fest vorbereitet und immer aufgepasst, wenn ein kleines Kind geboren wurde, oder?

O: Ich denke, sie wussten ja nicht, wie Gottes Sohn kommen würde. Ob als armes Baby, als König oder Hirte, das hat niemand vorausgesagt, nur dass sein Wirken auf Erden klein beginnen würde. So, wie wenn ein kleiner Zweig aufblüht.

S: Gibt es da auch eine Stelle in der Bibel?

O: Ja, da gibt es auch eine Stelle in der Bibel – und ein schönes altes Weihnachtslied.

SprecherIn 3: Doch aus dem Baumstumpf Isais wächst ein Reis hervor, ein junger Trieb aus seinen Wurzeln bringt Frucht. Der Geist des Herrn lässt sich nieder auf ihm: der Geist der Weisheit und der Einsicht, der Geist des Rates und der Stärke, der Geist der Erkenntnis und der Gottesfurcht. (Jes 11,1–2)

(Anschließend das Lied „Es ist ein Ros' entsprungen", gesungen oder in Instrumentalform.)

SZENE 5

Personen:
Martin (M),
Sabine (S),
Oma (O),
SprecherInnen 1–5

Ort:
Altarraum oder Bühnenteil, Kirchenraum

(Die Krippe wird in den Stall gestellt und das Jesuskind hineingelegt.)

M: Haben die Propheten dann wenigstens aufgeschrieben, dass der Retter, der da kommen soll, Jesus heißt?

S: Ja, wie sollten ihn denn die Menschen sonst erkennen?

O: Nein, das haben sie nicht aufgeschrieben. Aber an einer Stelle steht, dass es ein kleines Kind sein wird, und der Prophet hat sich wunderbare Namen für den Retter ausgedacht.

(Die SprecherInnen 1–5 gehen durch den Kirchenraum hin und her und zitieren jeweils nacheinander, durcheinander, mehrmals und in verschiedenen Lautstärken aus Jes 9,5: Er heißt „wunderbarer Ratgeber", „starker Gott", „Vater in Ewigkeit", „Fürst des Friedens".)

SZENE 6

Personen:
Martin (M),
Sabine (S),
Oma (O),
SprecherInnen 1–5

Ort:
Altarraum oder Bühnenteil, Lesepult

M: Und dann kam doch alles ganz anders. Ich hätte mir einen starken Gott auch etwas anders vorgestellt.

S: Ja, und als Erstes durften auch nicht ganz besondere Leute den kleinen Jesus besuchen, sondern die Hirten. Die waren arm und keiner konnte sie leiden!

M: Das ist doch mal wieder typisch für Gott, dass er gleich, als Jesus geboren war, an die Armen gedacht hat!

S: Er hat auch Engel zu den Hirten geschickt, damit sie loslaufen können und Jesus besuchen. Die haben ihnen auch gesagt, dass sie keine Angst haben müssen.

M: Maria und Josef haben sich sicher über die Hirten gefreut, oder?

O: Ja, das denke ich auch. Schließlich war das ja nicht so einfach im Stall mit dem kleinen Kind. Und in der Bibel steht auch, dass Maria noch lange nachgedacht hat über das, was ihr die Hirten erzählt haben. Sicher haben Maria und Josef gespürt, dass ihr Kind etwas mit Gott zu tun hat.

M: Auch Menschen aus fernen Ländern haben das Jesuskind angebetet. Die Weisen sind von weit her gekommen und haben Jesus und seine Familie reich beschenkt. Ich finde das gut, dass alle zu Jesus kommen durften, egal ob sie arm oder reich waren.

S: Genau! Bei Jesus ist das egal. Da spielt es auch keine Rolle, aus welchem Land man kommt und welche Sprache man spricht.

(Zu ruhiger Musik, z. B. „Pifa" aus G. F. Händels „Messias", tanzen die als Hirten, Engel und Könige verkleideten Kinder nacheinander kleine Figuren oder Schritte in einem Kreis, treten zur nächsten Gruppe und bil-

den schließlich eine große Runde. Diese steht um die Krippe, aus der Kerzen leuchten.)

SprecherIn 1: In jenen Tagen erließ Kaiser Augustus den Befehl, alle Bewohner des Reiches in Steuerlisten einzutragen. Dies geschah zum ersten Mal; damals war Quirinius Statthalter von Syrien. Da ging jeder in seine Stadt, um sich eintragen zu lassen. So zog auch Josef von der Stadt Nazareth in Galiläa hinauf nach Judäa in die Stadt Davids, die Bethlehem heißt; denn er war aus dem Haus und Geschlecht Davids. Er wollte sich eintragen lassen mit Maria, seiner Verlobten, die ein Kind erwartete. Als sie dort waren, kam für Maria die Zeit ihrer Niederkunft, und sie gebar ihren Sohn, den Erstgeborenen. Sie wickelte ihn in Windeln und legte ihn in eine Krippe, weil in der Herberge kein Platz für sie war.

SprecherIn 2: In jener Gegend lagerten Hirten auf freiem Feld und hielten Nachtwache bei ihrer Herde. Da trat der Engel des Herrn zu ihnen und der Glanz des Herrn umstrahlte sie. Sie fürchteten sich sehr, der Engel aber sagte zu ihnen:

SprecherIn 3: Fürchtet euch nicht, denn ich verkünde euch eine große Freude, die dem ganzen Volk zuteil werden soll: Heute ist euch in der Stadt Davids der Retter geboren; er ist der Messias, der Herr. Und das soll euch als Zeichen dienen: Ihr werdet ein Kind finden, das, in Windeln gewickelt, in einer Krippe liegt.

SprecherIn 2: Und plötzlich war bei dem Engel ein großes himmlisches Heer, das Gott lobte und sprach:

SprecherIn 3: Verherrlicht ist Gott in der Höhe und auf Erden ist Frieden bei den Menschen seiner Gnade.

SprecherIn 4: Als die Engel sie verlassen hatten und in den Himmel zurückgekehrt waren, sagten die Hirten zueinander:

SprecherIn 5: Kommt, wir gehen nach Bethlehem, um das Ereignis zu sehen, das uns der Herr verkünden ließ.

SprecherIn 4: So eilten sie hin und fanden Maria und Josef und das Kind, das in der Krippe lag. Als sie es sahen, erzählten sie, was ihnen über dieses Kind gesagt worden war. Und alle, die es hörten, staunten über die Worte der Hirten. Maria aber bewahrte alles, was geschehen war, in ihrem Herzen und dachte darüber nach. Die Hirten kehrten zurück, rühmten Gott und priesen ihn für das, was sie gehört und gesehen hatten; denn alles war so gewesen, wie es ihnen gesagt worden war. (Lk 2,1–20)

(Während der Lesung stellen sich nach und nach die als Krippenfiguren verkleideten Kinder vor und formieren sich zur Krippenszene.)

SZENE 7

Personen:
Martin (M),
Sabine (S),
Oma (O),
SprecherIn 1

Ort:
Altarraum oder Bühnenteil, Lesepult

S: Weihnachten ist wunderschön. Aber wisst ihr, was ich schade finde?

O: Nein, sag es uns doch.

S: Dass Weihnachten dann einfach vorbei war.

M: Du hast Recht. Da haben die Menschen viele Jahrhunderte darauf gewartet und dann war plötzlich alles vorbei.

O: Ich glaube nicht, dass Weihnachten wirklich ganz vorbei ist. Nicht alles, was die Propheten vorhergesagt haben, ist nämlich schon eingetroffen.

M: Was denn, Oma?

O: Ein Prophet hat gesagt, dass dann, wenn die Menschen und Gott ganz nahe zusammen sein werden, es so friedlich sein wird, wie wir es uns gar nicht so recht vorstellen können.

SprecherIn 1: Dann wohnt der Wolf beim Lamm, der Panther liegt beim Böcklein. Kalb und Löwe weiden zusammen, ein kleiner Knabe kann sie hüten. Kuh und Bärin freunden sich an, ihr Jungen liegen beieinander. Der Löwe frisst Stroh wie das Rind. Der Säugling spielt vor dem Schlupfloch der Natter, das Kind streckt seine Hand in die Höhle der Schlange. Man tut nichts Böses mehr und begeht kein Verbrechen auf meinem ganzen heiligen Berg; denn das Land ist erfüllt von der Erkenntnis des Herrn, so wie das Meer mit Wasser gefüllt ist. An jenem Tag wird es der Spross aus der Wurzel Isais sein, der dasteht als Zeichen für die Nationen; die Völker suchen ihn auf; sein Wohnsitz ist prächtig. An jenem Tag wird der Herr seine Hand von Neuem erheben, um den übrig gebliebenen Rest seines Volkes zurückzugewinnen. (Jes 11,6–11)

O: Hört ihr, das meine ich. Solange es bei uns noch nicht so friedlich ist, wird es jedes Jahr Weihnachten sein. Jedes Jahr wird Gott uns neu seinen Sohn schenken und uns daran erinnern, wie wir einmal zusammen leben sollen.

M: Dann ist Weihnachten also gar nicht für immer vorbei?

O: Nein. Genauso wie Weihnachten viel früher, lange vor der Geburt von Jesus mit den Versprechungen der Propheten begonnen hat, genauso wird es weitergehen, noch viele Jahre, und Gott wird uns immer wieder daran erinnern, dass sein Sohn den Anfang gemacht hat.

S: Den Anfang womit?

O: Jesus hat den Anfang damit gemacht, dass Frieden zwischen den Menschen und auch zwischen Menschen und Gott sein soll.
S: Dann geht Weihnachten ja in unserem Leben immer weiter?
O: Genauso ist es: Weihnachten findet in unserem ganzen Leben statt.

Wie es weitergehen kann

Im Anschluss an das Spiel kann jeder ein Symbol zur Erinnerung daran bekommen, dass Weihnachten über Bethlehem und auch über einen Feiertag im Jahr hinausgeht. Gut geeignet ist beispielsweise ein kleiner Stern, der immer im Geldbeutel getragen werden kann.
Die Aktualität von Weihnachten heute kann auch Thema einer eventuell anschließenden Ansprache sein.

Möglichkeiten und Hilfen

Tanz
Mitwirkende, die nicht gerne tanzen wollen, können am Ende des Tanzes brennende Kerzen in den Kreis tragen, sie in die Krippe stellen und sich selbst in den Kreis der Tänzer einreihen. Sie sollten auch verkleidet sein. Die Handlung wird übersichtlicher, wenn die Nicht-Tänzer eine einheitliche Gruppe bilden, also beispielsweise die Hirten oder die Könige.

Sprecher
Stehen zu wenige Sprecher zur Verfügung, können die auf die SprecherInnen 1–5 verteilten Lesungen auch von weniger Personen gesprochen werden.
In Szene 5 ist vorgesehen, dass sich die SprecherInnen beim Zitieren aus Jes 9,5 durch den Kirchenraum bewegen. Wenn das auf räumliche Schwierigkeiten stößt, können sie auch an unterschiedlichen Stellen im Kirchenraum Platz nehmen und von dort aus sprechen.

Anhang

Lieder und Musik

Lieder

Zur Umrahmung der Weihnachtsspiele, sei es in gottesdienstlichem oder anderem Rahmen, eignen sich alle bekannten, aber auch weniger bekannte Advents- und Weihnachtslieder. Auf besonders passende Weihnachtslieder wird innerhalb der Stücke verwiesen.

Fundorte für Weihnachtslieder:

- Das evangelische Gesangbuch
- Das Kindergesangbuch, Claudius Verlag 1998
- Das Buch der Weihnachtslieder, von I. Weber-Kellermann, Schott Verlag 1982 (Chorhefte und Melodiebegleitsätze erhältlich)
- Weihnachtsliederbücher aus dem Menschenkinder Verlag, vor allem D. Jöcker, z. B. „Hört ihr alle Glocken läuten", „Sei gegrüßt, lieber Nikolaus" oder „Die gute Nachricht weitersingen" (CD zu den Büchern bzw. Heften erhältlich)

Musik für Einzug, Tänze, nachdenkliche Momente

Die im Folgenden genannten Musiktitel sind nur eine kleine Anregung. Die angegebenen CDs enthalten in der Regel Musik verschiedenen Charakters. Weitere Musikempfehlungen in den einzelnen Stücken.

- *Festliche Musik* zum Einzug oder Abschluss
- M. A. Charpentier: „Te deum" (Eurovisionshymne)
- W. Roch: „Unesco-Hymne"
- J. S. Bach: „Ehre sei dir Gott gesungen" (aus dem Weihnachtsoratorium, BWV 248)
- W. A. Mozart: Rondo aus „Eine kleine Nachtmusik" (KV 525)
- H. J. Hufeisen: „Erwartung" aus der CD „Gold, Weihrauch und Flöte" (nach Aria 3 aus dem „Messias" von G.F. Händel)
- A. Menken / H. Ashmann: „Das Fest" aus der CD „Arielle, die Meerjungfrau"

Weitere festliche Musik findet sich in den Konzerten der Barock- und Klassikzeit, auch in moderneren Einspielungen. Gute Fundorte sind auch Einspielungen zu Kinderfilmen oder Instrumentalfassungen von Musicals.

- *Fröhlich-bewegte Musik* für Tänze oder Aktionen
- H. J. Hufeisen: „Die drei Kostbarkeiten" aus der CD „Gold, Weihrauch und Flöte"
- A. Menken/H. Ashmann: „Die Fahrt durch das Königreich" aus der CD „Arielle, die Meerjungfrau"
- A. Rieu: „Ich möchte träumen" aus der CD „La vie est belle"
- A. Rieu: „Snowwhite" aus der CD „La vie est belle"
- Musik zum Weltgebetstag 1999: „La luz de Venezuela"
- R. Zuckowski: „Hoch in der Luft" (Playbackfassung) aus der CD „Rolfs Vogelhochzeit"
- R. Zuckowski: „Hallo Mama, hallo Papa" (Playbackfassung) aus der CD „Rolfs Vogelhochzeit"

Hilfreich sind auch die CDs der Weltgebetstage. Kinderlieder-CDs gibt es inzwischen oft in sehr gut brauchbaren Karaokefassungen.

- *Nachdenklich-meditative Musik* zum Innehalten, Nachdenken, Untermalen
- J. S. Bach: „Brandenburgisches Konzert Nr. 2" (BWV 1047), 2. Satz
- J. S. Bach: „Brandenburgisches Konzert Nr. 5", (BWV 1050), 2. Satz
- J. S. Bach: „Air" aus der D-dur-Suite (BWV 1068)
- G. F. Händel: „Largo" aus der Oper „Xerxes"
- W. A. Mozart: „Romanze" aus „Eine kleine Nachtmusik" (KV 525)
- H. J. Hufeisen: „Das Herzenslied der Maria" aus der CD „Gold, Weihrauch und Flöte"
- R. Zuckowski: „Sieh nur die Sterne" (Playbackfassung) aus der CD „Rolfs Vogelhochzeit"
- A. Menken/H. Ashmann: „Schlafenszeit" aus der CD „Arielle, die Meerjungfrau"

Meditative Musik findet sich in allen Musikrichtungen, sei es in den langsamen Sätzen der klassischen Musik oder auch in Instrumental- oder Vokaleinspielungen der Unterhaltungsmusik (z. B. Filmmusik „Jenseits der Stille") oder Volksmusik aus allen Zeiten (El Condor Pasa). Auch in der Sakralmusik gibt es ein weites Spektrum, etwa im Gospel- oder Spiritualbereich.

Choreographie

Das richtige Geschenk

(Tanz der Hirten in Szene 5)

Musik: „Schlafenszeit" (für den ersten Tanzteil) und „Das Fest" (für den zweiten Tanzteil) aus „Arielle, die Meerjungfrau". Natürlich eignet sich auch andere Instrumentalmusik; der erste Teil sollte langsam und ruhig, der zweite bewegt und fröhlich sein.

<u>1. Teil (langsam, ruhig)</u>

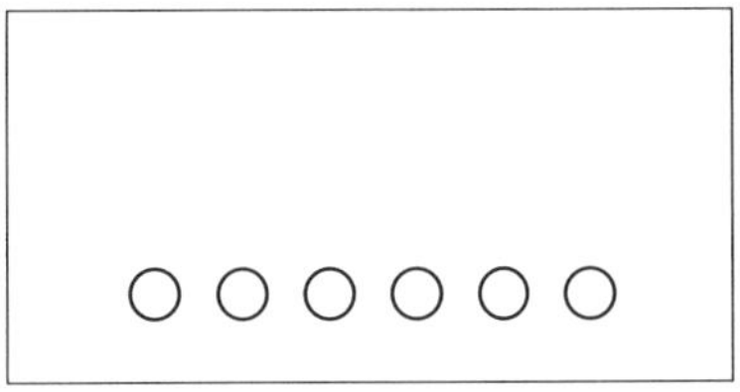

1. Alle Hirten knien in einer Reihe auf dem Boden, Stoffschaf im Arm.
2. Schafe allmählich über den Kopf hochheben und langsam aufstehen.
3. Zweimal mit erhobenem Schaf um die eigene Achse drehen, dann Tiere absetzen.

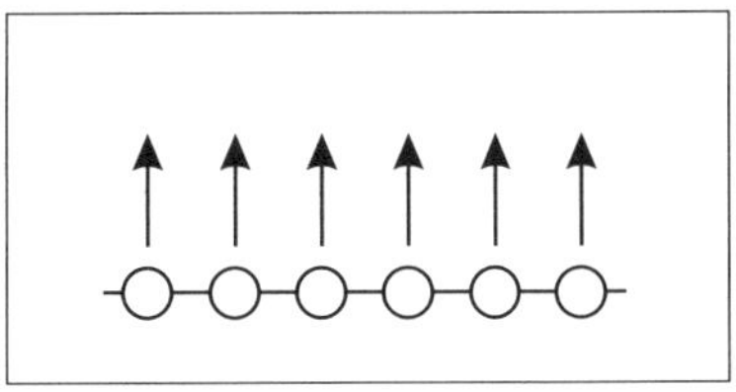

4. An den Händen fassen und als Kette rückwärts gehen.
5. Kette lösen, zweimal mit erhobenen Armen um die eigene Achse drehen.

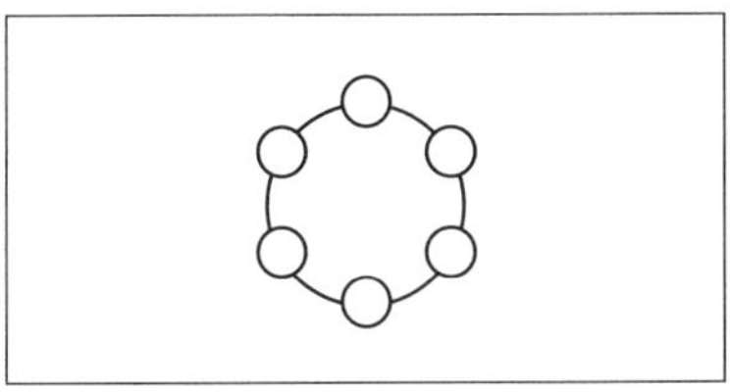

6. An den Händen fassen, einen Kreis schließen, zweimal im Kreis laufen.

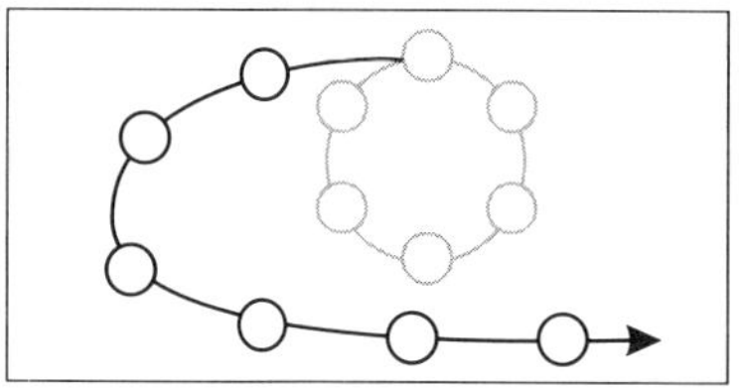

7. Zur Kette öffnen.

2. Teil (bewegt, fröhlich)

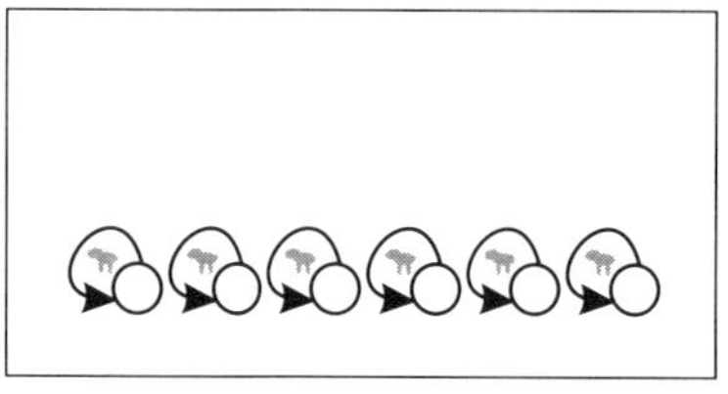

8. Einige Male um sein Schaf laufen und es dann auf den Arm nehmen.

9. Mit den Schafen im Arm einen Kreis bilden. Schafe einige Male in die Luft werfen, auffangen und dann in der Mitte des Kreises absetzen.

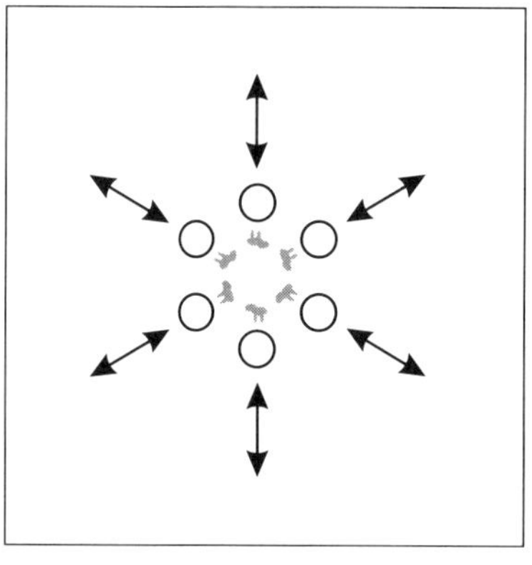

10. Mit dem Gesicht nach außen drehen und vier Hüpfschritte nach außen machen.

11. Eine halbe Drehung, dabei mit den Händen über dem Kopf klatschen und vier Hüpfschritte nach innen machen.

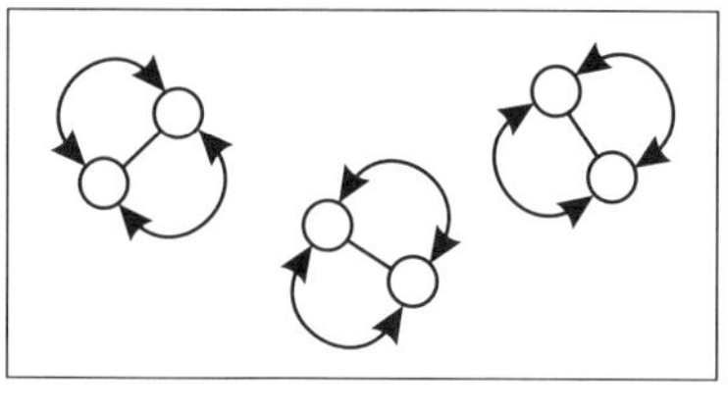

12. Jeweils zu zweien mit entgegengesetzter Blickrichtung unterhaken, zwei Runden linksherum laufen, zwei Runden rechtsherum, dabei die Arme wechseln.

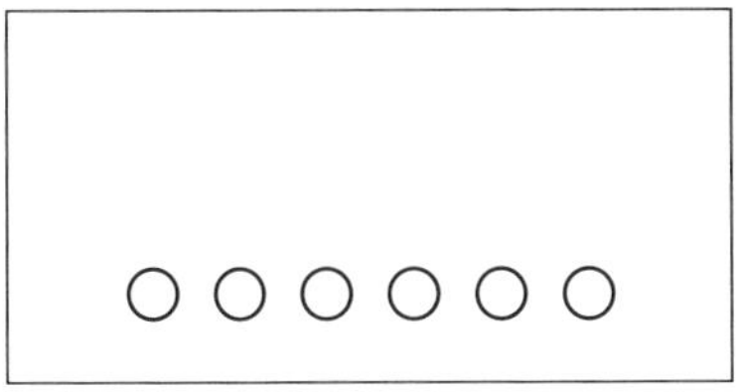

13. Mit den Schafen im Arm wieder die Ausgangsposition einnehmen, die Schafe streicheln und mit ihnen kuscheln. Dann als Reihe die Bühne verlassen.

Vom Zauber des Augenblicks
(Tanz der Engel und KönigInnen in Szene 8)

Musik: „Norwegischer Tanz" (op. 35,2) von Edvard Grieg.

Grundschritte für die KönigInnen:

- *Anstellhüpfer*: links – rechts – links, dann rechts – links – rechts, Drehung um die eigene Achse
- *Kreuzschritt*: links – rechtes Bein über das linke setzen – links (dabei Gewicht auf links), dann rechts – linkes Bein über das rechte setzen – rechts (dabei Gewicht auf rechts)

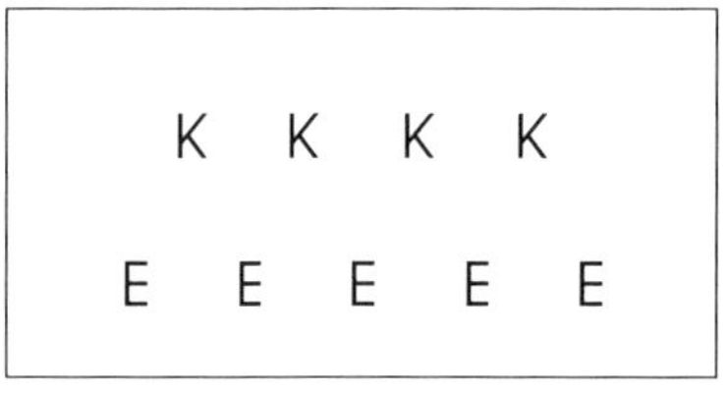

1. KönigInnen stellen sich in einer Reihe auf die Bühne. Engel betreten mit Musikbeginn in einer Kette die Bühne. Mit den Armen einen großen Halbkreis nach oben und zurück beschreiben. Auf den Zehenspitzen drehen, danach wieder Armkreis. An die Bühnenseite stellen.

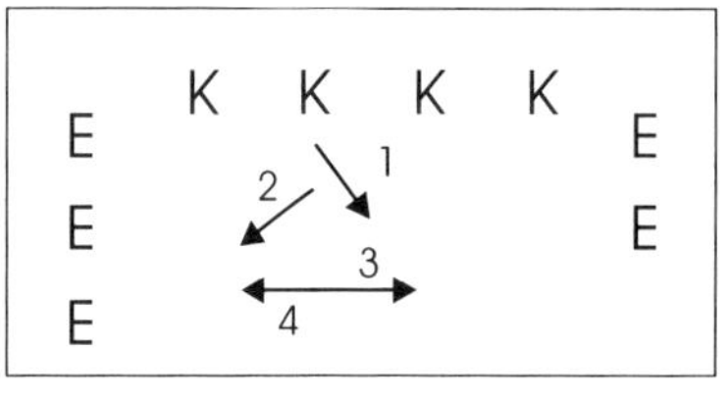

2. KönigInnen machen ihren Grundschritt jeweils in Pfeilrichtung. Letzten Schritt mit einer Armbewegung betonen. In die Bühnenmitte treten und einen Kreis mit Blick nach außen bilden.

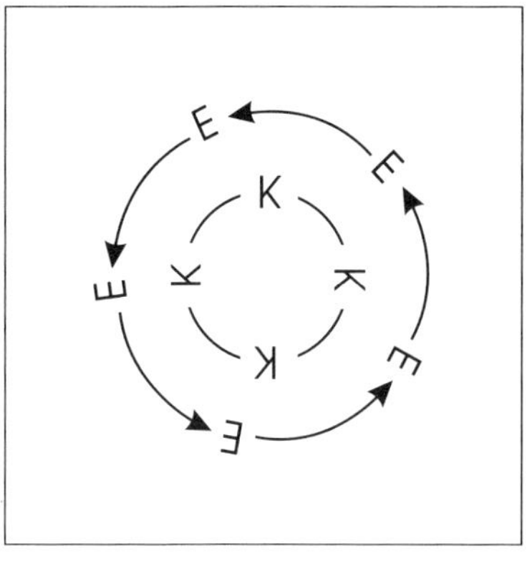

3. KönigInnen fassen sich an den Händen. Nach außen gehen, bis die Arme gestreckt sind, zurückgehen, Hände loslassen und Arme heben. Engel laufen mit ausgebreiteten Armen einige Kreise um die KönigInnen.

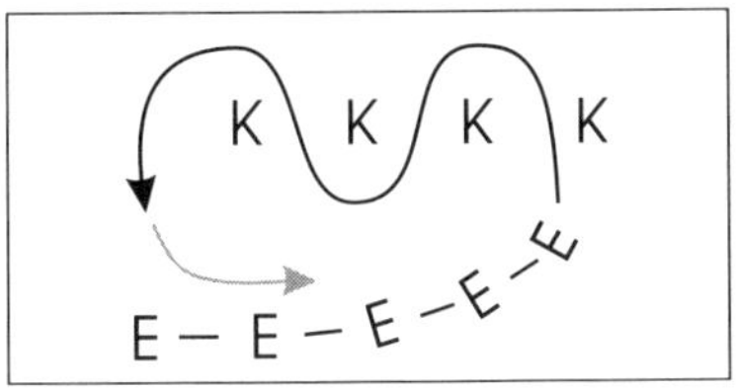

4. KönigInnen bilden eine Reihe, Engel eine Kette. Engel laufen im Slalom zwischen den KönigInnen hindurch und stellen sich dann als Reihe vor die KönigInnen.

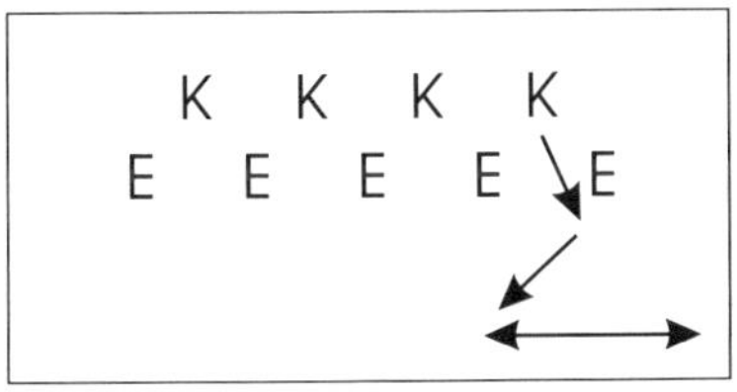

5. KönigInnen tanzen ihren Grundschritt durch die Lücken zwischen den Engeln hindurch.

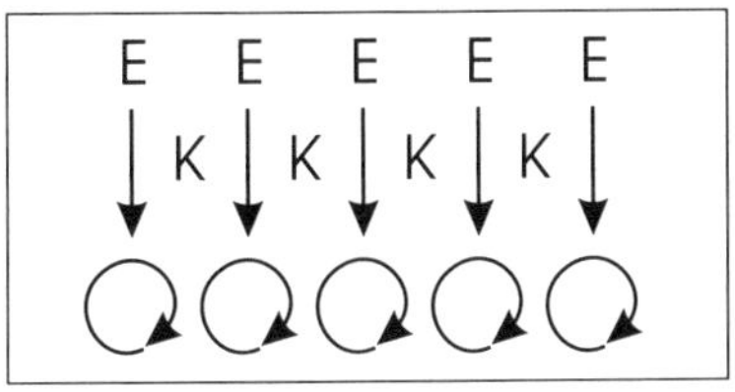

6. Engel treten zwischen den KönigInnen nach vorne. Mit den Armen Halbkreise beschreiben, zweimal um die eigene Achse drehen.

7. Engel knien oder hocken sich hin. KönigInnen treten als Reihe dahinter und breiten zum Schlussakkord die Umhänge aus, sodass hinter den Engeln eine bunte Kulisse entsteht.

Weihnachten fing viel früher an
(Tanz um die Krippe in Szene 6)

Musik: „Pifa" von G. F. Händel aus „Der Messias".

Der Tanz ist besonders einfach und auch schon mit ganz kleinen Kindern zu verwirklichen.

1. Alle bilden einen Kreis um die in der Mitte stehende Krippe. Engel gehen mit Kerzen zur Krippe und stellen diese ab. An den Händen fassen und langsam um die Krippe gehen. Zum Ausgangspunkt zurückkehren.

2. Hirten treten zur Krippe. Mitgebrachte Geschenke (Wolle, Decke, Holz ...) hochheben, um die eigene Achse drehen, Geschenke ablegen und vor der Krippe verbeugen. Zum Ausgangspunkt zurückkehren.

3. Könige umrunden stolz die Krippe. Geschenke den Zuschauern zeigen und dann an der Krippe ablegen. Zum Ausgangspunkt zurückkehren.

4. Alle fassen sich an den Händen. Vier Schritte auf die Krippe zu gehen, dabei Arme heben. Vier Schritte zurückgehen, dabei die Arme wieder senken. Diesen Tanzteil mehrfach wiederholen.

Sollen die Kerzen (wie auf Seite 106 angegeben) erst am Ende von nicht tanzenden Kindern hereingebracht werden, treten die Engel ohne Kerzen auf. Darauf achten, dass die Kinder noch während der Musik die Kerzen abstellen und sich in den Kreis einreihen können.

Lichtertanz
(keinem Stück zugeordnet)

Musik: Jede ruhige Musik ist geeignet.

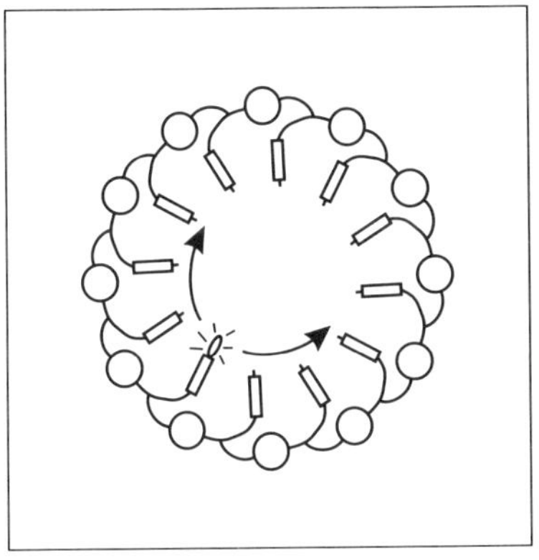

1. Alle bilden einen Kreis und halten eine Kerze in der rechten Hand. Von einer Person ausgehend durch Weitergeben des Lichts in beide Richtungen die Kerzen anzünden.

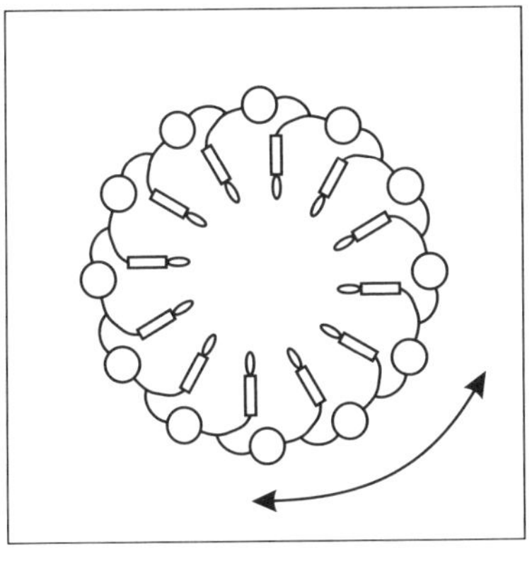

2. Kerze in der rechten Hand halten, mit der linken den Arm des Nachbarn fassen. Vier Seitanstellschritte nach rechts.

3. Arm des Nachbarn loslassen, beide Arme hoch heben, Kerze in die linke Hand nehmen. Mit der rechten Hand den Arm des Nachbarn fassen. Vier Seitanstellschritte nach links.

4. Kerze in beide Hände nehmen, vier Schritte zur Mitte, mit vier Schritten um die eigene Achse drehen, vier Schritte nach außen.

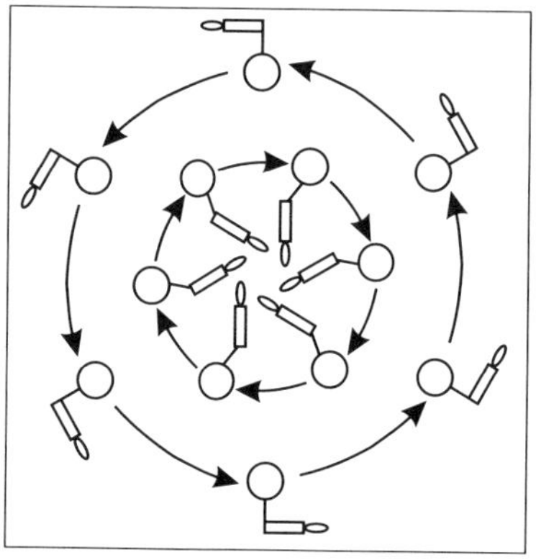

5. Jeder Zweite geht nach innen (in die Hocke). Der Außenkreis umrundet den Innenkreis gegen den Uhrzeigersinn, dabei die Kerze in der nach außen gewandten Hand halten, dann in die Hocke gehen. Innenkreis steht auf. Im Uhrzeigersinn im Kreis gehen, dabei die Kerze in der nach innen gewandten Hand halten.

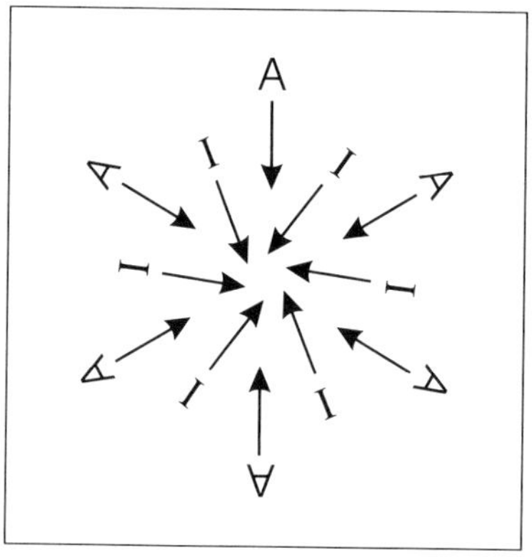

6. Kerze in beide Hände nehmen. Die außen Stehenden treten durch die Lücken zwischen den innen Stehenden. Die jetzt außen Stehenden treten durch die Lücken zwischen den innen Stehenden und bilden einen noch engeren Innenkreis.

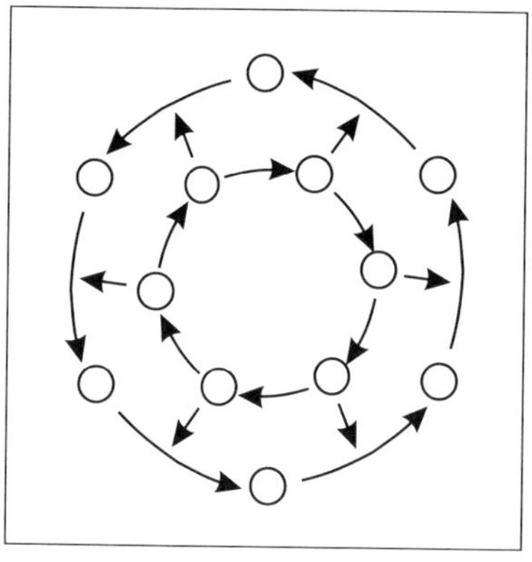

7. Im Kreis bewegen, Innenstehende mit Kerze nach innen gehalten im Uhrzeigersinn, Außenstehende mit Kerze nach außen gehalten gegen den Uhrzeigersinn.

8. Innenstehende reihen sich in den Außenkreis ein. Alle mit dem Rücken nach außen. Kerzen hoch halten.

Die Kerzen sollten mit einem Tropfenfänger versehen werden. Oder dicke Kerzen in mit Sand gefüllten Gläsern verwenden. Allerdings ist dann das Anzünden schwieriger.

Kostüme

Die Darstellenden der Krippenszene sollten durch Kostüme kenntlich gemacht werden, um sie von den Darstellern der Szenen aus der Jetzt-Zeit abzuheben. Wenn die Kostüme größenunabhängig gestaltet sind, lassen sie sich für verschiedene Darsteller verwenden.

Maria
Für Maria bietet sich (in Anlehnung an viele Mariendarstellungen) ein blauer Umhang an. Praktisch ist auch ein gerade geschnittenes weites Kleid. Gut wirkt auch ein Samtstoff, der zudem noch bügelfrei ist.

Hirten und Josef
Hirten können gut mit braunen oder grauen Tüchern oder Decken eingekleidet werden. Weiter bieten sich Felljacken oder -westen oder ein um die Schultern gelegtes Schaffell an, das mit einem Gürtel oder Sicherheitsnadeln an der Kleidung befestigt wird. Filzhüte, vielleicht auch Kopftücher, ergänzen das Outfit. Zusätzliche Requisiten können Stöcke sein, Stoffschafe und Stalllaternen (die Sprechenden müssen die Blätter mit ihrem Text noch halten können).
Josef kann ähnlich eingekleidet werden. Seine besondere Rolle lässt sich durch einen gerade geschnittenen Umhang hervorheben.

Engel
Engel verbinden wir ganz automatisch mit der Farbe Weiß. Lange Kleider sind besonders hübsch. Ärmellose Hängekleidchen, über einem weißen Pulli oder einer weißen Bluse getragen, eignen sich für verschieden große Kinder. Natürlich dürfen die Engel auch ein bisschen glitzern. Goldene Bänder oder Sternchen in den Haaren verleihen ihnen besonderen Glanz.

Könige
Der Reichtum der Könige und das Exotische ihrer Herkunft kann gut durch farbenfrohe, gemusterte oder auch glitzernde Stoffe dargestellt werden. Alte Vorhangstoffe sind ebenso geeignet wie Faschingsstoffe. Aus losen Stoffbahnen können üppige Umhänge nach persönlichen Vorlieben in jedem Jahr neu gestaltet werden. Man steckt sie mit großen Sicherheitsnadeln zusammen. Normale Straßenkleidung, die zwischen prunkenden Stoffen aufblitzt, stört das Gesamtbild. Gerade geschnittene, einfarbige Stoffkittel eignen sich gut als Unterkleidung.

Die Königskronen können in langen Bahnen aus stabiler Pappe oder Wellpappe geschnitten werden. Mit Büroklammern werden die Kronen dem Kopfumfang angepasst.

Eigene
Notizen

Eigene
Notizen